ESTÉTICA

Dados Internacionais de Catalogação na Publicação (CIP)
(Câmara Brasileira do Livro, SP, Brasil)

Hegel, Georg Wilhelm Friedrich, 1770-1831
Estética: textos seletos / G. W. F. Hegel; [tradução Cláudio J.
A. Rodrigues]. – 1ª ed. – São Paulo: Ícone, 2012. – (Coleção fundamentos da filosofia).

Título original: *Esthétique: textes choisis.*
ISBN 978-85-274-1190-5

1. Estética. I. Título. II. Série.

11-08961   CDD-701.17

Índices para catálogo sistemático:
1. Estética: arte   701.17

G. W. F. HEGEL

ESTÉTICA

Textos Seletos

Coleção Fundamentos da Filosofia

1ª edição
Brasil – 2012

© Copyright da tradução – 2012.
Ícone Editora Ltda.

Coleção Fundamentos da Filosofia

Conselho editorial
Cláudio Gastão Junqueira de Castro
Diamantino Fernandes Trindade
Dorival Bonora Jr.
José Luiz Del Roio
Marcio Pugliesi
Marcos Del Roio
Neusa Dal Ri
Tereza Isenburg
Ursulino dos Santos Isidoro
Vinícius Cavalari

Título original
Esthétique – Textes choisis

Tradução
Cláudio J. A. Rodrigues

Revisão
Juliana Biggi
Saulo C. Rêgo Barros

Design gráfico, capa e miolo
Richard Veiga

Proibida a reprodução total ou parcial desta obra, de qualquer forma ou meio eletrônico, mecânico, inclusive por meio de processos xerográficos, sem permissão expressa do editor. (Lei nº 9.610/98)

Todos os direitos de tradução reservados à
ÍCONE EDITORA LTDA.
Rua Anhanguera, 56 – Barra Funda
CEP: 01135-000 – São Paulo/SP
Fone/Fax.: (11) 3392-7771
www.iconeeditora.com.br
iconevendas@iconeeditora.com.br

Prefácio do Tradutor

Georg Wilhelm Friedrich Hegel viveu no período que vai de 1770 a 1831. Este filósofo teve uma profunda influência sobre o curso da filosofia ocidental e sobre muitos outros aspectos da cultura ocidental moderna. Hegel, talvez, tenha sido o primeiro filósofo do Ocidente a levar a sério o tempo, a mudança e a história, no sentido de que os considerou como essenciais para aquilo a que a filosofia se propõe, e não a uma distração do reino do ideal, do essencial e do racional. Assim sendo, ele se mostrou ser o exato oposto ao pensamento platônico. Ao mesmo tempo era um idealista, o que significa (em seu caso) que achava que tudo o que realmente existia era a simples racionalidade. Em sua célebre frase, "o real é o racional e o racional é o real", ele via a história como o processo no qual o Espírito ou a Consciência chegam à autorrealização. Este processo histórico ocorre em estágios dialéticos. O primeiro estágio é uma tese; uma antítese contraditória segue a esta e, finalmente, uma síntese reconcilia os dois e se torna, por sua vez, uma nova tese. A história tem esta estrutura em maior e também em menor escala. No nível mais geral, os estágios são o Espírito em si mesmo (a tese), o Espírito por si mesmo (a antítese) e, finalmente, o Espírito em e por si mesmo (a síntese). Assim, por exemplo, Hegel pensava a Trindade Cristã.

Hegel era um amante e um estudioso das artes, e desenvolveu uma filosofia mais completa sobre a arte do que a maioria dos filósofos antes dele. De acordo com sua ênfase sobre o desenvolvimento histórico das ideias e da consciência, alegou que a arte expressava o espírito das culturas particulares, bem como a dos artistas individuais e do espírito humano em geral e que havia progressos na arte, pois pensava que a história, como um todo, estava chegando a um clímax. Kant, Schiller e Schelling influenciaram-no em muito quando este começou a pensar sobre a filosofia da arte. Ele estava inclinado a pensar que a expressão e a consciência artísticas fossem uma espécie de fim da história do espírito humano, e que a arte revelava a verdade de uma forma direta e intuitiva. Nas obras da maturidade, a partir da Fenomenologia do Espírito por meio das Palestras sobre Estética, Hegel retrocedeu da posição kantiana – de que a estética nos impulsiona a sentir um tipo de harmonia implícita no mundo entre os propósitos da moral e os da razão – e considerou que os estágios do clímax da história humana eram puramente racionais, e não envolviam a intuição, a emoção ou a imagem como faziam as artes.

Os três estágios principais da história da arte reconhecidos por Hegel em suas palestras sobre estética são a arte simbólica, a arte clássica e a arte romântica. Cada um destes estágios é definido pela relação entre ideia e forma que é comum dentro dela. No primeiro estágio ou o simbólico, uma ideia poderosa é expressa em uma variedade de formas que se faz sentir como realmente não adequada para a sua expressão. Como resultado, a forma fica distorcida na tentativa de acomodar o poder transcendente da ideia. Hegel tomou a arte egípcia e indiana antigas como exemplos disso, com seus deuses com cabeça de animais, demônios monstruosos e heróis. Exemplos igualmente poderosos podiam ser vistos na antiga arte africana e inca: os deuses da fertilidade, por exemplo, com suas exageradas características sexuais, as divindades protetoras com dentes ou garras de animais ferozes.

O segundo estágio é exemplificado pela escultura grega clássica. Aqui, a forma humana perfeita e idealizada encarna o ideal, sem qualquer sensação de distorção. Mas, enquanto a perfeição é evidente, a profundidade da ideia expressa é limitada. Consequentemente, o terceiro estágio, a arte romântica, salienta a interioridade. Quando usa imagens, muitas vezes enfatiza a inadequação da imagem em transmitir a ideia, agora apreendida de forma mais adequada internamente. Muito da arte cristã tem este caráter, centrando-se na crucificação, nos martírios e nos sofrimentos.

Junto com sua divisão da arte ocidental em períodos, Hegel também organizou as artes particulares hierarquicamente, desde aquelas mais ligadas à imagem e ao físico, e, portanto, mais adequadas à arte simbólica (por exemplo, a arquitetura), às mais adequadas à interioridade e à autorrealização do Espírito (por exemplo, a poesia). No entanto, ele não se atém rigidamente a essas categorias e reconheceu a capacidade dos artistas em cada uma das artes de fazer com que as obras representem cada um de seus três estágios.

Talvez a mais famosa das alegações de Hegel sobre a arte seja que a arte chegou ao fim. Como o Espírito atinge a sua plena autorrealização, a necessidade de imagens e símbolos se desvanece, e com ela se vai a necessidade de qualquer arte que utilize meios físicos para se expressar. Essa tese do "fim da arte" é intrigante do mesmo modo que sua tese do "fim da história" em si é intrigante. Hegel não parece ter significado com isso que a arte acabaria completamente, mas sim que a necessidade dela e seu papel no desenvolvimento do espírito estariam cumpridos.

Nesta edição reunimos o que pode ser considerado como essencial na grandiosa obra deste filósofo produzida originalmente em quatro volumes. Aqui nos propusemos a dar ao leitor um parâmetro geral do pensamento artístico-filosófico deste gênio inigualável – que junto com Kant e Fichte levou a filosofia a tomar um novo rumo. Por ser uma edição para o leitor em geral achamos por bem utilizar uma terminologia mais acessível sem, no entanto, esvaziá-la de sua essência estilística, e, ao mesmo tempo, acrescentamos algumas notas explicativas onde o texto se mostrou um pouco além do alcance daqueles que ainda possam não estar acostumados com um texto filosófico hermético. Esperamos ter realizado tal tarefa e brindar o público brasileiro com trechos imprescindíveis à compreensão da arte por meio dos escritos deste filósofo sublime.

Cláudio J. A. Rodrigues
São Paulo, janeiro de 2012

A Vida de Hegel

1770. (27 de agosto). Georg Wilhelm Friedrich Hegel nasce em Stuttgart. [Nessa época Kant, que nasceu em 1724, tem 46 anos, Goethe (nascido em 1749) está com 21, Schiller (nascido em 1759), está com 11 e Fichte 8.]

1787. Kant: Segunda edição da *Crítica da Razão Pura. – Crítica da Razão Prática.*

1788. Hegel entrou no seminário protestante de Tübingen (Filosofia e Teologia; mas também estudou matemática, física e ciências naturais). Lê Kant. Tem por colegas e amigos o poeta Hölderlin e Schelling, cinco anos mais jovem, mas precoce e brilhante.

1789. Início da Revolução Francesa. (Conta-se que na Primavera de 1791 Hegel e Schelling foram plantar uma árvore de liberdade nos arredores de Tübingen.)

1790. Obtém o título de "Mestre" em Filosofia.

1790. Kant: *Crítica do Juízo.*

1793. Obtém o título de "candidato" em teologia. Renuncia ao cargo de pastor.

1793-1796. Tutor em Berna.

1795. Escreve uma *Vida de Jesus.*

1797- 1800. Tutor em Frankfurt. Continua a estudar Kant, lê Fichte (Fichte, 1800: *Destino do homem*).

1801. Viaja para Jena, onde Schelling chega para substituir Fichte na Universidade, este nomeado em Berlim. Publica: *Diferença dos Sistemas de Fichte e de Schelling*. Tese: *Sobre as Órbitas dos Planetas* (contra Newton). Torna-se "Privatdozent" da Universidade de Jena.

1801. (outubro)-**1807.** Leciona em Jena.

1806. (outubro). Enquanto a batalha de Jena abre a Prússia a Napoleão e à ocupação francesa, Hegel trabalha para completar a *Fenomenologia*, Goethe o primeiro *Fausto* (*Guilherme Tell* de Schiller em 1804).

1807. Muito mal pago, Hegel renuncia à sua cadeira.

1807-1808. Editor da *Gazeta de Bamberg*; artigos da política corrente.

1808. Torna-se diretor do ginásio de Nuremberg. No entanto, é mais oprimido por essas funções do que pela de jornalismo. No entanto, trabalha para adaptar seu ensino ao secundário e compõe sua *Lógica* que aparece de 1812 a 1816.

1811. Casamento. Terá dois filhos dos quais um se tornará professor de história e o outro pastor.

1816. Obtém uma cadeira de professor em Heidelberg.

1817. Publica a *Enciclopédia das Ciências Filosóficas*.

1818. Com a morte de Fichte, Hegel assume sua cadeira em Berlim. E irá mantê-la até sua morte. Considerável atividade, celebridade crescente e curso assistido por muitos alunos, incluindo alguns já famosos. Ele fala devagar, de uma forma embaraçosa e, no entanto, "qualquer um, – escrevia um de seus alunos – que já tivesse tomado o gosto pela profundidade e força de suas aulas, era conduzido cada vez mais ao estudo e permanecia como parte de um círculo mágico produzido pela força de seus argumentos e originalidade de suas inspirações do momento". Passa a filósofo oficial da monarquia prussiana; é atacado como tal; passa a suspeitar do poder.

1821. *Princípios da Filosofia do Direito*.

1827. Viaja durante as férias, principalmente a Weimar onde recebe Goethe, segue para Paris onde tem por anfitrião Victor Cousin (que havia conhecido em 1817 e retorna a Berlim em 1824-1825).

1831. (13 de novembro). Hegel morre de cólera; a seu pedido é enterrado ao lado de Fichte. [Schelling, embora visado pelos poderes, ocupará sua cadeira em 1841.]

{ Sumário }

Introdução
A ESTÉTICA, 19

    I. **DEFINIÇÃO DE ESTÉTICA, 19**
        O belo da arte superior ao belo natural, 19

    II. **INCERTEZAS SOBRE ARTE, 20**
        1. A arte é aparência e ilusão?, 20
        2. Está a arte, enquanto imitação, acorrentada à realidade?, 21
        3. A arte existe para satisfação de um desejo?, 24
        4. Será a arte um saber?, 25

    III. **A ARTE É UMA NECESSIDADE DO HOMEM, 26**
        1. A arte é consistente com o sensível e o espiritual, 26
        2. A arte é o espírito tomado por objeto, 28
        3. A arte é, portanto, uma necessidade do espírito, 29

    IV. **CHEGOU A ERA DA ESTÉTICA, 30**
        A arte vem do passado, 30

Primeira Parte
OS TRÊS TIPOS DE ARTE, 33

I. A arquitetura, arte simbólica, 35

I. A Arquitetura como Linguagem, 35
O que expressa a arte emergente, 35
Símbolos dos laços sociais: Torre de Babel e Torre de Baal, 37
O símbolo do sagrado: o templo egípcio, 38
Símbolo dos poderes naturais: o obelisco, 40
Símbolo da individualidade espiritual: a pirâmide, 40
II. A ideia de símbolo, 43
Signo e símbolo, 43
Ambiguidade do símbolo, 44
III. Caracteres essenciais da arte simbólica, 46
1. Luta entre o fundamento e a forma, 46
2. A forma simbólica, alusão à ideia, 47
   a) O "sentido misterioso" dos símbolos, 47
   b) Os símbolos alusões ao divino, 48
IV. A arte egípcia, 49
1. O Egito e a necessidade da arte, 49
2. A morte: o exterior e o interior, 49
3. O animal: a vida superior à matéria, 50
4. Osíris: o espírito superior à vida, 50
5. A Esfinge: "Conhece-te a ti mesmo", 51

II. A Escultura, Arte Clássica, 53

I. Escultura como expressão clara, 53
Unidade do espírito e do corpo na forma humana, 53
Escultura e arquitetura, 54
II. A estátua, 55
O perfil grego, 55
Atitudes e movimentos do corpo, 58
O pudor e o nu, 60
Vestuário e cortinas, 61

III. **Características essenciais da arte clássica, 63**
  1. A arte clássica como expressão do espírito, 63
  2. A arte clássica recusa expressar o sentimento, 65
  3. A arte clássica não pode satisfazer inteiramente a alma, 68
IV. **A arte clássica é a arte grega, 69**
  1. A estátua egípcia ainda não exprime o espírito, 69
  2. A arte grega, 70
     a) A liberdade da arte clássica, 70
     b) A escultura grega como arte religiosa, 71
  3. A estátua romana não exprime mais o espírito, 71

III. A Pintura, Arte Romântica, 72

I. **A pintura como ultrapassagem da expressão, 72**
  1. A arte romântica, 72
  2. O sentimento como conteúdo essencial da pintura, 73
  3. O espírito se liberta da matéria, 74
     a) A superfície, 74
     b) A luz, 76
     c) Os materiais: cor e desenho, 78
     d) Os materiais: as cores a óleo, 79
II. **A pintura como expressão do sentimento, 80**
  A. A pintura, arte cristã, 80
     O amor e a santidade, 80
     Maria e Niobe, 83
  B. A pintura da realidade, 85
     a) Paisagens, 85
     b) A alegre pintura das coisas, 85
  C. Dualidade da pintura, 89
     a) Profundeza e aparência, 89
     b) Do sagrado ao profano: a evolução da pintura holandesa, 90
  D. Êxito da pintura, 92
     O retrato, 92
III. **Caracteres essenciais da arte romântica, 94**

IV. O Sistema das Artes, 99

   Esclarecimentos, 104
   1. Riqueza crescente, 104
   2. Abstração crescente, 104
   3. Poder crescente sobre o sensível, 105

Segunda Parte
MÚSICA E POESIA, 107

I. A Música, 109

   I. A música como outra expressão do sentimento, 109
      1. A música, expressão da interioridade, 109
      2. A dupla interioridade musical, 110
   II. O som, 112
      1. O grito, 112
      2. Grito e som, 112
      3. O som musical, 113
      4. A potência do som, 114
   III. O ritmo, 116
      1. O tempo, 116
      2. O tempo e o eu, 117
      3. O tempo, o eu, a medida, 117
      4. A Potência da Medida, 120
   IV. Harmonia e melodia, 120
      1. Instrumentos e Voz, 120
      2. A melodia: sua liberdade, 121
   V. Função própria da música, 122
      1. A execução musical e comunicação da alma consigo mesma, 122
      2. A execução, expressão da alma livre, 123
      3. A alma reconciliada, 124

II. A Poesia, 126

I. A poesia como expressão perfeita do espírito, 126
1. A expressão poética, síntese da expressão plástica e da expressão musical, 126
2. A Poesia é realizada pelo indivíduo na récita, 128

II. Prosa e Poesia, 129
1. A poesia é atenção ao particular como tal, 129
2. A poesia é expressão pura, 130
3. A poesia é contemplação pura, 130
4. Poesia é Figuração, 131
5. Os versos, 133

III. Os Principais Gêneros Poéticos, 135
A. A Poesia Épica – Expressão da Vida Nacional, 135
   1. Uma jovem civilização, 135
   2. Uma sociedade de homens livres, 135
   3. Heróis que trabalham, 136
   4. Espírito nacional, 137
   5. Guerra e coragem, 138
   6. Herói épico e herói trágico, 139
   7. A fatalidade épica, 141
   8. O romance, épico moderno, 143
B. A Poesia Lírica – Expressão da Alma Individual, 144
   1. O lírico, o épico e o dramático, 144
   2. O lírico requer uma civilização realizada, 145
   3. Lirismo, tempo, prosódia, 146
C. A Poesia Dramática, 147
   1. A síntese dramática do épico e lírico, 147
   2. A linguagem teatral, 148
   3. A tragédia, 149
   4. A comédia, 156
   5. O cômico e o trágico, 158
   6. Falta de poesia dramática no Oriente, 159
   7. Da arte simbólica à comédia, 160

Terceira Parte
A ARTE EM EVOLUÇÃO, 161

I. A Evolução de Cada Arte, 165

I. A Arquitetura Clássica, 167
Passagem de arquitetura simbólica à arquitetura clássica, 167
A coluna, 168
O telhado, 169
O templo, 170

II. A arquitetura romântica, 171
Recusa ao mundo exterior, 171
A catedral, 172
A decoração interior, 175

II. A evolução dos tipos de arte, 176

I. A evolução da arte simbólica, 177
As três etapas da arte simbólica, 177
A. O Símbolo Irreflexo, 178
  1. O simbolismo fantástico: a arte hindu, 178
  2. As etapas do simbolismo irreflexo e o simbolismo propriamente dito, 181
B. O Simbolismo do Sublime, 182
  Definição do sublime, 182
  1. O sublime positivo do panteísmo, 182
  2. O sublime negativo, 183
C. O Pensamento Simbólico, 187
  A queda do simbolismo, 187
  Esopo e a fábula, 188

II. A evolução da arte clássica, 189
A. A formação da arte clássica, 189
  1. A degradação da animalidade, 189
  2. Os suplícios dos antigos deuses, 190
B. A Perfeição da Arte Clássica, 191
  1. O tempo da arte grega, 191

  2. Os deuses do ideal clássico, 192
 C. A Dissolução da Arte Clássica, 195
  1. O destino, 195
  2. O antropomorfismo, ruína dos deuses, 196
  3. Fim da arte clássica, 197

III. A EVOLUÇÃO DA ARTE ROMÂNTICA, 199
 A. A Religião, 199
  1. A história da redenção de Cristo, 199
  2. A redenção do homem, 201
 B. O Cavalheirismo, 202
 Princípio do cavalheirismo, 202
 Virtude grega e virtude cavalheiresca, 204
 A honra, 205
 O amor, 207
 C. Fim de Arte Romântica, 208
  1. O acidental. Todo objeto é objeto de arte, 208
  2. O artista prevalece sobre a obra, 209
  3. O humor, 210
  4. Arte moderna, 210

Considerações Finais
O IDEAL, 211

I. A BUSCA PELO ABSOLUTO, 213
 A. Arte, religião, filosofia: seu objeto comum, 213
  1. A oposição do fundamento e da forma comporta a oposição geral do subjetivo e do objetivo, 213
  2. O maior conteúdo a se objetivar é a liberdade, 215
  3. Objetivações imediatas da liberdade: desejo, saber, querer, 215
  4. Estas soluções são particulares, 216
  5. O verdadeiro somente é solução absoluta, 217
  6. A religião, arte, filosofia como compreensões do absoluto, 217

B. O que distingue a arte, 218
1. O belo, 218
2. O belo e o verdadeiro, 218
3. Na mais alta perfeição a arte não tem outra finalidade que ela mesma, 219
C. Arte, religião, filosofia como etapas do absoluto, 219
1. A arte excedida, 219
2. A religião, 220
3. Da arte e da religião à filosofia, 220

II. O BELO ARTÍSTICO, 221
1. O que é necessário ao belo natural é uma expressão completa da interioridade, 221
2. A arte como expressão do espírito, 223
3. A arte como animação, 223

III. O IDEAL, 224
1. A arte "idealiza" a natureza, 224
   As madonas de Rafael, 226
   Os mendicantes de Murillo, 226
2. O ideal, 226
3. O ideal em relação à ideia, 227
4. A serenidade do ideal, 228

{ Introdução }

A Estética

I. DEFINIÇÃO DE ESTÉTICA

O belo da arte superior ao belo natural

A ESTÉTICA tem por objeto o vasto *império do belo...* e empregamos a expressão que é mais conveniente a esta ciência, a *filosofia da arte*, ou, mais precisamente, a *filosofia das belas-artes*.

    Mas, pode parecer arbitrária a definição que exclui da ciência do belo o belo na natureza para considerar apenas o belo na arte? É verdade que toda ciência tem o direito de fixar a extensão que quiser; mas podemos tomar em outro sentido esta limitação da estética. Na verdade, na vida cotidiana, é costume falar de *belas* cores, de um *belo* céu, de um *belo* riacho e ainda de *belas* flores, de *belos* animais e até mesmo de *belos* homens. Não queremos aqui embarcar na questão de saber em que medida a qualidade da beleza pode ser legitimamente atribuída a esses objetos e se, em geral, o belo natural pode ser comparado ao belo artístico. Mas é possível afirmar, a partir de agora, que o belo artístico é mais *elevado* do que o belo na natureza. Já que a beleza artística é a beleza natural como que nascida duas vezes do espírito. Ora, tanto o espírito e suas criações são mais elevados que a natureza e suas manifestações, quanto o belo artístico também é mais elevado que a beleza natural. Em si, abstração feita ao conteúdo, uma má ideia, enquanto podemos pensar, é superior a qualquer produto natural; pois em tal ideia sempre estão presentes o espírito e a liberdade.

II. INCERTEZAS SOBRE ARTE

1. A ARTE É APARÊNCIA E ILUSÃO?

QUANTO à acusação de indignidade que se dirige à arte como produtora de efeitos pela aparência e pela ilusão, seria ela justificada se a aparência pudesse ser vista como o que não deve ser. Mas a aparência é imprescindível para a essência. Não haveria verdade se ela não parecesse, ou melhor, não aparecesse, se não fosse para alguém, se não fosse para si mesma, bem como para o espírito em geral. Por isso, já não é mais sobre o parecer que deve recair a acusação, mas sobre o tipo particular de aparência utilizado pela arte para dar realidade ao verdadeiro em si. Mas, se se qualifica de ilusões essas aparências sob as quais a arte dá vida às suas concepções, esta acusação foi definida, sobretudo, pela comparação com o *mundo exterior* das aparências e sua materialidade imediata, e também em relação às nossas próprias emoções, ao nosso *mundo interior e sensível*: mundo exterior e mundo interior – ambos, em nossa vida empírica, na vida de nossa própria aparência, que estamos acostumados a dar dignidade e o nome de realidade efetiva e de verdade por oposição à arte que carece de tal realidade e tal verdade. Mas, precisamente, todo esse conjunto do mundo empírico interior e exterior não é o mundo da efetividade e veracidade, mas dele é possível dizer, com muito mais exatidão que a arte, que ele é uma simples aparência e enganosa ilusão. Está além da impressão imediata e dos objetos imediatamente percebidos que é preciso procurar a verdadeira efetividade. Por isso, é realmente o que é real em si mesmo e para si, a substância da natureza e do espírito, que, embora manifestando-se no espaço e no tempo, continua a existir em si e para si, portanto, é verdadeiramente real. Ora, é precisamente a ação desta força universal que a arte apresenta e faz aparecer. Sem dúvida, essa realidade também parece ser essencial no mundo comum – interior e exterior –, mas confundida com a situação caótica das circunstâncias transitórias distorcidas pelos sentimentos imediatos, misturada com a arbitrariedade dos humores, incidentes e caráteres, etc. A arte liberta das formas ilusórias e falsas deste mundo imperfeito e instável da verdade contida nas aparências para dar-lhe uma realidade mais elevada criada pelo próprio espírito. Assim, longe de serem meras aparências puramente ilusórias, as manifestações de arte encerram uma maior realidade e uma existência mais verdadeira que a atual.

2. ESTÁ A ARTE, ENQUANTO IMITAÇÃO, ACORRENTADA À REALIDADE?

A OPINIÃO mais comum que se tem da finalidade a que se propõe a arte é que ela consiste em *imitar a natureza.*

Desta perspectiva, a imitação, ou seja, a capacidade de reproduzir com perfeita fidelidade os objetos naturais, da maneira como eles se nos apresentam, constituiria a finalidade básica da arte, e quando essa reprodução fiel fosse bem-sucedida, ela nos daria satisfação completa. Esta definição atribui à arte apenas o objetivo de ordem formal de refazer, por sua vez, conquanto permitam-lhe seus meios, o que já existe no mundo exterior, e de reproduzi-lo tal como é. Podemos perceber imediatamente, porém, que esta reprodução é um trabalho desnecessário, porque vemos representado e reproduzido em pinturas, palcos ou em outro lugar: animais, paisagens, situações humanas, nos encontramos já em nossos jardins, em nossas casas ou, às vezes, em nossos círculos mais ou menos estreitos de nossos amigos e conhecidos. Além disso, o trabalho desnecessário pode se passar por um jogo vaidoso, que fica aquém da natureza. Uma vez que a arte está limitada aos seus meios de expressão e não pode produzir senão ilusões parciais, que enganam apenas um sentido; de fato, quando a arte adere à meta formal da estrita imitação, ele nos dá, em vez do real e do vivo, apenas a caricatura da vida. Sabemos que os turcos, como todos os muçulmanos não toleram que se pinte ou se reproduza o homem ou qualquer outra criatura viva. J. Bruce, durante sua viagem à Abissínia, mostrou a um turco um peixe pintado que, primeiramente, ficou cheio de espanto, mas logo depois recebeu em resposta: "Se este peixe, no Juízo Final, erguer-se contra ti e te disser: fizeste-me um corpo, mas nenhuma alma viva, como te justificarias desta acusação?" O Profeta também, como mencionado na Suna, pediu a suas duas mulheres, Ommi Habiba e Ommi Selma, que falassem das pinturas dos templos etíopes: "Essas pinturas acusarão seus autores no dia do Juízo Final".

Ele também cita exemplos de ilusões perfeitas dadas por reproduções artísticas. As uvas pintadas por Zeuxis foram dadas desde a antiguidade como o triunfo de arte e como o triunfo da imitação da natureza, porque os pombos vivos vinham bicá-las. Poder-se-ia reprovar este velho exemplo, e no seu lugar citar o exemplo mais recente do macaco de Buttner, que comeu um prato de uma valiosa coleção de história natural, que representava um besouro, e foi perdoado por seu mestre por ter demonstrado a excelência da reprodução. Mas, neste caso, dever-se-ia, pelo menos, entender que em vez de elogiar as obras de arte, porque mesmo os pombos ou macacos são levados ao erro, deveríamos culpar quem acredita que elevou a arte, por não saber dar-lhe como fim supremo senão um fim tão medíocre. Em geral, deve-se dizer que a arte, quando se limita simplesmente a imitar, não pode competir com a natureza, e que parece um verme que se esforça rastejando a imitar um elefante.

Nestas reproduções sempre mais ou menos bem-sucedidas, quando comparadas aos modelos naturais, a única finalidade que o homem pode propor é o prazer de criar algo parecido com a natureza. E, de fato, ele pode se alegrar de produzir, também, graças ao seu trabalho, sua habilidade, algo que já existe independentemente dele. Mas precisamente, quanto mais a reprodução é semelhante ao modelo, tanto mais sua alegria e sua admiração se esfriam, mesmo que não se voltem ao tédio e desgosto. Há retratos dos quais dizemos, com graça, que são capazes de causar náuseas. Kant dá outro exemplo deste prazer que temos na imitação: um homem imita o trinado do rouxinol com perfeição, como às vezes acontece, e nós o acolhemos bem depressa; depois que descobrimos que o homem é o autor, o canto parece-nos tedioso; neste momento, não vemos senão um artifício e não o consideramos nem como uma obra de arte, nem como uma livre produção da natureza. Esperamos qualquer outra coisa das livres forças produtivas do homem; semelhante música não nos afeta senão na medida em que salta da vitalidade própria do rouxinol, sem qualquer intenção, assemelha-se à expressão de sentimentos humanos. Além disso, esta alegria que dá a habilidade de imitar nunca pode ser senão relativa e convém ao homem encontrar alegria no que ele tira de seus próprios méritos. Nesse sentido, a invenção técnica mais insignificante tem um valor bem superior e o homem tem de ter mais orgulho de ter inventado o martelo, o prego, etc., que de produzir obras de arte de imitação. Empenhar-se para competir com a natureza, imitando-a abstratamente, é um grande esforço comparável àquele do homem que havia treinado em lançar lentilhas por um pequeno orifício sem nunca errar. Ao exibir sua habilidade diante de Alexandre, o imperador pagou-lhe com um vaso cheio de lentilhas por talento tão inútil e tão vazio de significado.

Dado que este princípio da imitação é totalmente formal quando tomado como a finalidade da arte, o *belo objetivo* desaparece de uma só vez. Já que não se ocupa mais, neste caso, de encontrar *aquilo* que se deve reproduzir, ocupa-se apenas de reproduzi-lo *corretamente*. O objeto e o conteúdo do belo são considerados como perfeitamente indiferentes. Mas se se fala de belo e de feio a respeito de animais, de homens, de países, de ações, de temperamentos, é porque isso envolve um critério que não pertence exclusivamente à arte, já que não lhe restou outra função que a imitação abstrata. Ressente-se de um critério que permita escolher os objetos e dividi-los em belos e feios, depende-se do gosto *subjetivo*, que não pode promulgar nenhuma regra e nem pode ser discutido.

* * *

Suponhamos que a arte não tenha princípio objetivo, e que o belo esteja na dependência do gosto subjetivo e particular, veremos, no entanto, que mesmo do ponto de vista da arte em si, a imitação da natureza, que parecia um princípio universal, sob o pretexto de altas autoridades, é inadmissível, pelo menos nesta forma geral completamente abstrata. Com efeito, vamos rever as diferentes artes: se a *pintura* e a *escultura* representam objetos que parecem assemelhar-se a objetos naturais cujo tipo é essencialmente emprestado da natureza, por outro lado, concordaremos que não é possível dizer que, nem a *arquitetura*, que, todavia, também faz parte das Belas-Artes, nem as criações da *poesia*, na medida em que não são estritamente descritivas, imitam alguma coisa da natureza. Ou, pelo menos, seremos obrigados, se quisermos aplicar o princípio neste último caso, a utilizar grandes desvios para submeter-lhe a numerosas condições e restituir à semelhança o que se acostumou chamar de verdade. Mas com a semelhança introduz-se novamente uma grande dificuldade, a saber, como determinar o que é semelhante e o que não é? Sem contar que não gostaríamos nem poderíamos excluir radicalmente da poesia tudo o que ela comporta de confabulação totalmente arbitrária e imaginária.

A arte deve, portanto, propor outra finalidade que a imitação puramente formal da natureza; em todo caso, a imitação só pode produzir obras de arte, de técnica, jamais obras-primas.

3. A ARTE EXISTE PARA SATISFAÇÃO DE UM DESEJO?

O SENSÍVEL pode ter com o espírito diversos tipos de relações. A mais medíocre e menos adequada para o espírito é a apreensão puramente sensível. Ela consiste primeiramente em observar, ouvir, cheirar, etc. Assim, nos momentos de tensão do espírito, muitas pessoas podem procurar distrair-se indo para lá e para cá sem pensar, apenas ouvindo aqui e olhando acolá, etc. Mas o espírito não se atém à simples apreensão pela visão ou pela audição dos objetos exteriores, ele faz uso delas em sua vida interior, que é forçada primeiramente a tomar ela também a forma da sensibilidade realizando-se nas coisas exteriores; essa forma de relacionar-se com as coisas exteriores é o que chamamos de *desejo*. Neste tipo de relação, o homem encontra-se, enquanto indivíduo sensível, em face das coisas similarmente individuais. Não é nem o pensador, nem seu arsenal de determinações gerais que agem aqui, é o homem que, de acordo com seus impulsos e seus interesses individuais, volta-se a objetos individuais em si mesmos, que põe neles seus meios de subsistência, fazendo uso deles, consumindo-os e sacrificando-os para sua satisfação pessoal. Nestas circunstâncias, o desejo não se contenta com a aparência superficial das coisas exteriores, mas quer mantê-las em sua existência sensível e concreta. Ele não tem que fazer pinturas que representam a madeira que ele usa ou os animais que gostaria de consumir. O desejo não pode mais deixar o objeto permanecer em sua liberdade, porque sua natureza impulsiona-o precisamente a suprimir a independência e a liberdade dos objetos exteriores e a mostrar que eles não estão aí senão para serem destruídos e usados até a exaustão. Mas, ao mesmo tempo, o sujeito, prisioneiro dos interesses individuais, limitados e medíocres de seus desejos, não está livre nem em si mesmo, já que as determinações que o prendem não são provenientes de uma vontade essencialmente universal e razoável, nem frente ao mundo exterior, uma vez que o desejo é essencialmente determinado pelos objetos e inerente a eles.

As relações do homem com a obra de arte não são da ordem do desejo. Ele a deixa existir por si mesma, livremente diante de si, e a considera, sem desejar, como um objeto que não diz respeito senão ao lado teórico do espírito. Isto porque a obra de arte, apesar de ter uma existência sensível, não tem necessidade de uma realidade concreta e tangível, nem de ser efetivamente viva. Ela nem mesmo se detém neste terreno, uma vez que não visa a satisfazer senão os interesses espirituais e deve excluir de si todo desejo.

4. Será a arte um saber?

Uma segunda forma de os objetos exteriores apresentarem-se ao espírito, em oposição à intuição sensível individual e ao desejo prático, é a relação puramente especulativa que eles mantêm com a *inteligência*. Na contemplação especulativa, não se preocupa o espírito com a individualidade das coisas; não se trata de consumi-las, nem de tirar disso o sustento e a satisfação sensível; o que interessa é conhecê-los em sua *universalidade*, penetrar sua essência e suas leis internas, compreender de acordo com seu conceito. Alimentado por um interesse especulativo, o espírito deixa subsistir as coisas em sua individualidade, afastando-se, já que esta individualidade sensível não é a que busca a contemplação intelectual. A inteligência não incide sobre o indivíduo como tal, como faz o desejo, mas apenas na medida em que também contém algo de universal. Quando o homem contempla as coisas da perspectiva de sua universalidade é sua razão universal própria que tenta encontrar-se na natureza e reconstruir a essência interior das coisas que a existência sensível – cuja essência é o fundamento – não pode revelar imediatamente. A arte nada tem a ver com esta necessidade especulativa que a ciência trabalha para satisfazer ou, pelo menos, não sob esta forma científica, nem faz causa comum com os impulsos do desejo prático. Certamente, a ciência pode partir do sensível individual e ter uma representação do aspecto imediato (cor, forma, dimensões individuais, etc.) sob o qual se apresenta aos nossos olhos. Mas esse sensível individual não tem mais nenhuma relação forçada com o espírito, uma vez que a inteligência segue direto ao universal, à lei, ao pensamento e ao conceito do objeto; portanto, não somente a inteligência abandona-o à sua individualidade imediata, mas ainda transforma-o intimamente, já que, deste sensível concreto, faz uma abstração, algo pensado, que é completamente diferente do que fora este mesmo objeto sob sua aparência sensível.

A arte, ao contrário da ciência, não procede dessa maneira. A obra artística manifesta-se como objeto exterior, com uma determinação imediata e uma individualidade sensível que lhe confere sua cor, sua forma, seu som ou ainda sua intuição particular; do mesmo modo a contemplação estética não procura ir além desta objetividade imediata que lhe é oferecida e apreender pelo conceito desta objetividade um conceito universal, como faz a ciência.

A atitude da arte distingue-se da atitude prática do desejo no sentido de que a arte deixa subsistir seu objeto com toda liberdade, enquanto o desejo emprega o seu para seu próprio uso destruindo-o. Por outro lado, a contemplação estética distingue-se da contemplação teórica da inteligência científica, porque a arte está comprometida com a existência individual de seu objeto e não busca transformá-lo em ideia e em conceito universal.

III. A ARTE É UMA NECESSIDADE DO HOMEM

1. A ARTE É CONSISTENTE COM O SENSÍVEL E O ESPIRITUAL

Disso resulta que o sensível deve estar presente no trabalho artístico, mas com a restrição de que se trata apenas do aspecto superficial, da aparência do sensível. O espírito não busca em si nem a materialidade concreta, a consistência interior e todo o escopo de um objeto orgânico que reclame o desejo, nem os conceitos universais puramente ideais; o que ele quer é a presença sensível, que certamente deve permanecer sensível, mas que deve também ser libertada do andaime de sua materialidade. Por isso, o sensível é elevado na arte ao estado de pura aparência, em oposição à realidade imediata dos objetos naturais. O trabalho artístico, portanto, defende uma posição intermediária entre o sensível imediato e o puro pensamento. Não pertence *ainda* ao pensamento puro, mas, apesar de sua natureza sensível, já *não é* uma realidade puramente material, assim como as pedras, as plantas e a vida orgânica. O sensível no trabalho artístico participa da ideia, mas, ao contrário das ideias do pensamento puro, este elemento ideal deve, ao mesmo tempo, manifestar-se externamente como uma coisa. Esta aparência do sensível oferece-se ao espírito desde o exterior, como forma, aspecto, sonoridade, sob a condição de que deixa os objetos existirem livremente, sem, no entanto, tentar penetrar sua essência íntima (o que lhes impediria ter uma existência individual). Por isso, o sensível na arte não interessa senão àqueles nossos sentidos que são intelectualizados, ou seja, à visão e audição, com exclusão do paladar, do olfato e do tato. Pois o olfato, o paladar e o tato têm a ver apenas com os elementos materiais e suas qualidades imediatamente sensíveis, o olfato à evaporação de partículas materiais presentes no ar, o paladar à dissolução das partículas materiais e o tato ao frio, ao quente, ao liso, etc. Esses sentidos não possuem nenhuma relação com os objetos da arte que devem manter-se em uma verdadeira independência e não simplesmente proporcionar relações sensíveis. O que esses sentidos consideram agradáveis não é o belo que conhece a arte. Portanto, a arte cria deliberadamente um mundo de sombras, formas, tons, intuições e não seria uma questão de atribuir impotência e inadequação ao artista que faz surgir uma obra, alegando que ela nos oferece apenas um aspecto superficial do sensível, apenas tipos de esquemas. Uma vez que com essas formas e matizes delicados, a arte não apenas fá-los agir por si próprios e sob a sua aparência imediata, mas também satisfaz interesses espirituais mais elevados, porque eles são capazes de causar uma ressonância nas profundezas da consciência, um eco no espírito. Assim, na arte, o sensível é *espiritualizado*, porque o *espírito* aparece sob uma forma sensível.

2. A ARTE É O ESPÍRITO TOMADO POR OBJETO

Há uma objeção feita às obras de arte que ainda hoje têm algum peso: elas escapam a um pensamento rigoroso e a um escrutínio científico, uma vez que nascem da imaginação desprovida de sentido de regras, de sentimento e não têm nenhuma ação exceto sobre a imaginação e o sentimento, sem que possamos abarcar e calcular a diversidade de seus efeitos. Na verdade, o belo na arte aparece sob uma forma que é explicitamente contrária ao pensamento, e, logo que o processo de pensamento busca tratar esta forma à sua maneira, necessariamente a destrói. Esta visão diz respeito à opinião segundo a qual o real, em geral, a vida da natureza e do espírito são deformadas ou consideradas mortas pelo pensamento; em vez de aproximá-las de nós, o pensamento conceitual no-las afasta por completo...

Concordar-se-á, primeiramente, que o espírito tem a faculdade de considerar-se a si mesmo, de tomar-se conscientemente, a si e a tudo o que procede dele, como objeto de pensamento, uma vez que o pensamento constitui precisamente a natureza essencial mais íntima do espírito. Quando ele assim se pensa conscientemente, a si e suas criações, o espírito, seja qual for a liberdade e a arbitrariedade envolvidas nessas criações, desde que seja realmente imanente, comporta-se de acordo com sua natureza. Ora, a arte e suas obras, à medida que são oriundas do espírito e produzidas por ele, são elas próprias de natureza espiritual, embora sua representação implique o aparecimento do sensível e insira o sensível no espírito. Neste sentido, a arte aproxima-se mais do espírito e do pensamento que a natureza exterior, que é estranha ao espírito; as criações da arte estão relacionadas com ele. É verdade que as criações da arte não são pensamentos e conceitos, mas a implantação exterior do conceito, uma alienação que o conduz ao sensível. O poder do espírito pensante, sem dúvida, não consiste apenas em conhecer-se sob a forma que lhe é própria, isto é, o pensamento, mas também em reconhecer-se sob o revestimento do sentimento e da sensibilidade; a apreender-se no que é diferente de si mesmo e, portanto, a ele mesmo. Pensando desta forma alienada e trazendo-a para junto de si. Ao lidar com um objeto diferente de si mesmo, o espírito pensante não está sendo infiel a si mesmo, a ponto de esquecer-se e renunciar-se... Porque, desde que o pensamento constitui sua essência e seu conceito, não pode ser satisfeito, em definitivo, até que tenha introduzido o pensamento em todos os produtos de sua atividade e que tenha, finalmente, chegado desta maneira a apossar-se verdadeiramente deles.

3. A arte é, portanto, uma necessidade do espírito

QUE NECESSIDADE tem o homem de produzir obras de arte? Por um lado, podemos considerar esta produção como um simples jogo de azar e de circunstâncias, do qual poder-se-ia, indiferentemente, participar ou não; porque pode-se pensar que ela existe de muitas outras formas, e de maneiras até mesmo melhores, de fazer o que a arte se propõe e que o homem carrega consigo de interesses mais elevados e mais importantes do que aqueles que a arte pode satisfazer. Mas, por outro lado, a arte parece proceder de uma propensão e necessidades maiores; parece até que, em certos momentos, sai em busca de contentamento supremo, satisfação absoluta, até que esteja ligada a concepções do mundo e a especulações religiosas mais gerais, como foi o caso de alguns povos em determinadas épocas...

A necessidade geral e absoluta, à qual a arte responde, tem sua origem no fato de que o homem é um ser dotado de consciência e que pensa o que ele é, independentemente do seu modo de ser, quer dizer, ele faz um ser para si. As coisas da natureza não existem senão *imediatamente* e de *uma única maneira*, enquanto o homem, por ser espírito, tem uma *dupla* existência; ele existe, por um lado, como as coisas da natureza, mas, por outro, existe também para si, contempla-se, representa-se a si mesmo, pensa-se e somente por esta atividade o espírito constitui um ser para si. Esta consciência de si, o homem adquire de duas maneiras: em primeiro lugar, *teoricamente*, porque deve inclinar-se sobre si mesmo para tomar consciência de todos os movimentos do coração humano e, de maneira geral, intuir e representar o que o pensamento pode atribuir a si como essência dando forma fixa e reconhecendo exclusivamente a si mesmo tanto no que produz como no que recebe de fora. Em segundo lugar, o homem constitui-se para si por sua atividade *prática*, porque é forçado a encontrar a si mesmo, a reconhecer-se no que lhe é dado imediatamente, no que se oferece a ele desde o exterior. Realiza isso transformando as coisas exteriores com o selo de sua interioridade e nas quais não encontra senão suas próprias determinações. O homem age assim, como sujeito livre, para tirar do mundo exterior seu caráter ferozmente estranho e para desfrutar as coisas apenas porque encontra uma forma exterior de sua própria realidade. Esta necessidade de modificar as coisas externas já se delineia nas inclinações iniciais da criança; o menino que joga pedras no rio e admira os anéis que se formam na água, admira, de fato, uma obra em que ele se beneficia do espetáculo de sua própria atividade. Esta necessidade assume muitas formas, até alcançar esta maneira de manifestar-se nas coisas externas, que são encontradas nos trabalhos artísticos. Mas as coisas externas não são as únicas que o homem trata dessa maneira; ele a usa também consigo mesmo, em seu próprio corpo, que muda de forma voluntária, em vez de deixá-lo no estado em que se encontra. Essa é a razão para todos os trajes, toda elegância, embora bárbaros, contrários ao gosto, feios, até mesmo perigosos, tais como o tratamento que os chineses dão aos seus pés ou as incisões feitas nas orelhas ou lábios. Apenas no homem civilizado é que as mudanças de forma, de comportamento e todos os outros aspectos externos procedem de uma cultura espiritual.

A necessidade geral de arte é, portanto, a necessidade racional que exorta o homem a tomar consciência do mundo interior e exterior e a torná-lo um objeto em que reconhece a si mesmo. Ela satisfaz, por um lado, esta necessidade de liberdade espiritual, interiormente, fazendo ser para si o que é, mas também realizando exteriormente este ser para si e, portanto, colocando o que é em si ao alcance da vista e do conhecimento dos outros e de si mesmo, graças a esta duplicação. Essa é a base racional do homem, em que a arte tem suas raízes necessárias, como ação e saber.

IV. CHEGOU A ERA DA ESTÉTICA

A ARTE VEM DO PASSADO

A ARTE não dá mais satisfação das necessidades espirituais que os povos e os tempos passados procuravam e encontravam apenas nela. Os belos dias da arte grega como o auge do final da Idade Média terminaram. A cultura reflexiva do nosso tempo obriga-nos, tanto no domínio da vontade quanto no do julgamento, a defendermos pontos de vista universais diante dos quais regulamos tudo o que é especial; formas universais, leis, deveres, direitos e máximas são as determinações fundamentais que a tudo controlam. No entanto, tanto o gosto artístico como a produção artística exigem algo mais vivo, no qual o universal não figura sob a forma de lei e de máxima, mas confunde sua ação com aquela do sentimento e da impressão, da mesma maneira que a imaginação é um lugar universal e racional, juntando-se em uma aparência sensível e concreta. É por isso que nossa época não é, em geral, própria para a arte...

Nestas circunstâncias, a arte, ou pelo menos sua destinação suprema, é para nós uma coisa do passado. Por esse fato ela perdeu para nós a sua verdade e sua vida; está relegada à nossa representação, longe de afirmar a sua necessidade efetiva e de assegurar um lugar de destaque, como fazia. O que desperta em nós uma obra artística de hoje, além de compartilhar um prazer imediato, é um julgamento, uma vez que submetemos a uma análise crítica seus antecedentes, sua forma e sua conveniência ou inconveniência mútuas. A ciência da arte é, portanto, uma necessidade ainda maior em nossa época do que no tempo em que a arte dava a si mesma, enquanto arte, plena satisfação. A arte convida-nos a meditação filosófica, que não visa a proporcionar-lhe um renascimento, mas reconhecer rigorosamente o que está em seu fundamento.

PRIMEIRA PARTE

Os Três Tipos de Arte

{ I }

A Arquitetura, Arte Simbólica

I. A ARQUITETURA COMO LINGUAGEM

O que expressa a arte emergente

O objetivo da arte, sua necessidade inicial, é dar aos olhos uma representação, uma concepção nascida do espírito, de manifestá-la como sua própria obra; assim como na linguagem, o homem comunica seus pensamentos e fá-los ser compreendidos por seus semelhantes. Somente na linguagem o meio de comunicação é um signo simples e, como tal, algo de puramente exterior à ideia e ao arbitrário.

A arte, por outro lado, não deve simplesmente servir-se de signos, mas conceder às ideias uma existência sensível que lhes seja correspondente. Assim, em primeiro lugar, a obra de arte, ofertada aos sentidos, deve abrigar em si um conteúdo. Além disso, é preciso que ela o represente de tal modo que seja reconhecido que este, bem como a sua forma visível, não é apenas um objeto real da natureza, mas um produto de representação e de atividade artística do espírito. O interesse fundamental da arte consiste naquilo que são as concepções objetivas e originais, os pensamentos universais do espírito humano que são oferecidos aos nossos olhos. No entanto, concepções semelhantes são primeiramente abstratas e indeterminadas no espírito dos povos. De maneira que o homem, para representá-las, capta o que é também abstrato, material, massivo, pesado, capaz, de fato, de receber uma forma determinada, mas não em si mesmo verdadeiramente concreto, vivo e espiritual. Desde então, a relação entre o fundamento e a forma visível pela qual a ideia deve passar da representação do artista para a do espectador não pode ser senão de natureza puramente simbólica. Uma obra de arquitetura, destinada a revelar aos outros um sentido geral, não está aí para nenhum outro propósito que o de expressar em si este elevado pensamento. É, por conseguinte, o livre símbolo de uma ideia essencial que oferece um interesse geral. É uma linguagem que, enquanto em silêncio, fala ao espírito. Os monumentos desta arquitetura devem, portanto, por si mesmos, levar a pensar, suscitando representações gerais. Eles não são simplesmente destinados a conter, dentro de suas paredes, coisas que têm seu próprio significado e forma independente. Mas, por isso mesmo, a forma que manifesta ideias semelhantes não pode ser um simples signo, como são, por exemplo, em nossa terra, as cruzes colocadas sobre os túmulos dos mortos ou as pedras comemorativas acumuladas em um campo de batalha. Uma vez que os signos desta espécie são bem adequados para despertar representações, uma cruz, uma pilha de pedras não expressa, por si mesma, essas representações; elas podem também servir para se lembrar de muitas outras. Isso é o que constitui o caráter geral da arquitetura simbólica.

Podemos dizer, a este respeito, que nações inteiras não foram capazes de expressar suas crenças religiosas, suas necessidades mais profundas a não ser na construção de semelhantes monumentos; exprimiram-nas, pelo menos e principalmente, sob a forma de arquitetura. Isso, no entanto, teve lugar, devidamente falando, no Oriente. Estas são, particularmente, as antigas construções dos babilônios, hindus e egípcios, que nos oferecem perfeitamente este caráter, ou cuja origem, pelo menos, explica-se, em grande parte, dessa maneira. A maior parte existe apenas como ruínas, mas não deixaram de enfrentar séculos e revoluções. Tanto por seu caráter fantástico, quanto por suas formas e massas colossais, elas nos levam à admiração e ao espanto. – Estas são obras cuja construção absorve a atividade e toda a vida destas nações em determinadas épocas.

Símbolos dos laços sociais:
Torre de Babel e Torre de Baal

"O que é o sagrado?", pergunta Goethe, em um de seus dísticos, e responde: "Aquilo que une as almas". Podemos dizer, neste sentido, que o sagrado, como objetivo e elo de união para os homens, foi o primeiro objeto de arquitetura independente. O exemplo mais notável é-nos oferecido pela descrição da torre de Babel. Na vasta planície do rio Eufrates, os homens erigem uma gigantesca obra de arquitetura; eles a edificam juntos e a comunidade trabalha unida a um só tempo o objetivo e o conteúdo da obra em si. Na verdade, a fundação deste laço social não representa uma simples reunião patriarcal. Pelo contrário, a unidade familiar aqui é dissolvida e o edifício que se eleva às nuvens é o símbolo desta dissolução da sociedade primitiva e da formação de uma nova e mais abrangente sociedade. Os povos daquela época então reuniram-se para trabalhar neste monumento; e como eles se reuniram para construir uma obra imensa, o produto de seus esforços deveria ser o laço social. O solo escavado e movido, as massas de pedras dispostas cobrindo toda uma região de formas arquitetônicas, causaram então o que causam em nós as maneiras, os costumes e a organização jurídica do estado. Tal construção é, ao mesmo tempo, simbólica, pois não significa outra coisa além do próprio vínculo, quer dizer, o que ela realmente é, uma vez que não pode expressar isso, salvo de uma maneira exterior, por sua forma e aparência, o princípio sagrado que une aos homens.

Outro edifício de importância arquitetônica, que já oferece um fundamento histórico mais certo, é a torre de Baal, mencionada por Heródoto. Não podemos chamar essa construção de templo, no sentido moderno do termo, esta era uma murada para um templo, um quadrado, cada lado tinha dois estádios de comprimento, e o acesso era feito por portas de bronze. No centro, diz Heródoto, que tinha visto esta obra colossal, havia uma torre, não oca por dentro, mas maciça (πυργὸς στερεός), com um estádio de comprimento e de largura. Sobre essa torre elevava-se uma segunda, depois uma terceira e assim até sobreporem-se oito torres. Havia um caminho que levava ao topo; e quase na metade da altura havia um local de descanso com bancos, onde era possível tomar fôlego por alguns instantes. Mas na última torre havia um grande templo, e neste templo, um leito preparado cuidadosamente e, à sua frente, uma mesa de ouro. No entanto, o templo não possuía nenhuma estátua e ninguém entrava ali durante a noite, exceto uma das mulheres do local, que o deus escolhia entre todas, como dizem os caldeus, sacerdotisa desse deus. As sacerdotisas diziam que o deus vinha visitar o templo e acomodava-se no leito. Heródoto conta também que abaixo, no santuário, havia outro templo no qual elevava-se uma grande estátua dourada do deus, com uma grande mesa de ouro diante dela; e fala também de dois grandes altares de fora do templo, sobre os quais eram imoladas as vítimas. No entanto, não podemos comparar essa construção a um templo no sentido grego ou moderno; porque os sete primeiros estágios eram completamente maciços e o oitavo, o mais alto, era a única morada onde o deus invisível não recebia nenhuma oferta quer dos sacerdotes, quer dos fiéis. A estátua ficava embaixo e fora do edifício. Assim, toda a obra eleva-se independente, para si mesma, alheia a qualquer outra finalidade e sem relação com o culto ou serviço religioso, algo que não passava de um simples ponto de encontro, embora não fosse apenas um ponto de encontro, mas uma verdadeira edificação religiosa. A forma, na verdade, permanece ainda deixada ao acaso e ao acidental. Ela é determinada apenas pelo princípio material da solidez: a forma de um cubo. Mas, ao mesmo tempo, começamos a nos perguntar qual é o significado da obra quando considerada como um todo e em que ela apresenta um caráter simbólico. Embora Heródoto não indicasse formalmente, encontramo-lo no número de estágios maciços. Havia sete deles, mas um oitavo para a estada noturna do deus; ora, o número sete é provável que represente, de uma forma simbólica, o número de planetas e de esferas celestes.

O SÍMBOLO DO SAGRADO: O TEMPLO EGÍPCIO

Os TEMPLOS egípcios são construções abertas, sem teto, sem portas, sem corredores, cercado por paredes e, sobretudo, por colunatas, florestas de colunas. Estas obras abrangem a mais ampla extensão. O olhar passeia por uma inumerável quantidade de objetos que existem por si sós, para o efeito que produzem em si mesmos, sem serem utilizados, quer como morada de um deus ou como local de orações para seus adoradores. Eles impressionam tanto mais a imaginação pelo aspecto colossal de suas dimensões como por sua massa. Ao mesmo tempo, as formas e as figuras particulares chamam atenção para si mesmas, pois são destinadas, como símbolos, a oferecer um sentido puramente geral. Também é possível ver-se como se fossem livros, enquanto revelam seu significado, não por sua configuração exterior, mas pelos caracteres e imagens gravados sobre superfícies planas. Podemos chamar a essas construções gigantescas de uma espécie de museu de esculturas. No entanto, elas estão disponíveis, em sua maior parte, em tão grande número e com uma tão constante repetição da mesma forma, que se constituem em filas ou séries. Esta ordem, esta disposição, conserva seu caráter arquitetônico. Este arranjo constitui um fim em si, e sem estruturas de apoio e telhados.

... Aqui e ali, Memnons[1] apoiam-se contra as paredes que também formam galerias e são cobertas com hieróglifos ou pinturas extraordinárias, – isso causou aos franceses que os viram pela primeira vez o efeito a mesma impressão que os tecidos de estampa indianos. Eles podem ser considerados como as folhas de um livro misterioso, cujos caracteres, em meio a essas massas majestosas, atingem a alma com assombro e excitam os pensamentos como os sons de um sino...

... Estruturas semelhantes com séries de figuras de animais, de Memnon, portas imensas, muralhas, colunatas de tamanho prodigioso, umas mais largas, outras mais estreitas, com obeliscos isolados, continuam por quilômetros a fio. Caminha-se assim por entre obras humanas tão grandes e tão dignas de espanto, que em parte tem apenas papel definido nos diferentes atos de culto. Essas massas de pedras empilhadas dizem e revelam o divino. Porque a essas estruturas estão relacionados significados simbólicos. Assim, o número de Esfinges e Memnons, a disposição das colunas e as passagens existem em relação com os dias do ano, os doze signos do zodíaco, os sete planetas, as principais fases da lua. Por um lado, a escultura não está aqui ainda totalmente isenta da arquitetura. Por outro lado, isto é, estritamente falando, arquitetônico: as proporções, as distâncias, o número de colunas, de paredes, os graus, são tratados

---

1   [N. T.]: Formas humanas colossais representadas sentadas.

de maneira que estas relações não encontram seu objetivo próprio em si mesmos – euritmia, beleza, simetria – mas são determinados simbolicamente. Por isso, esta ação de construir e criar mostra-se como tendo em si sua própria finalidade, como um culto ao qual o povo e o rei participavam em uníssono.

SÍMBOLO DOS PODERES NATURAIS: O OBELISCO

No ORIENTE, é a força universal da vida na natureza – não a espiritualidade e o poder da consciência – mas a energia procriadora da geração, que é representada e adorada sob diversas formas... A ideia da energia produtora da natureza foi representada e adorada especialmente sob a forma dos órgãos da geração: *phallus et lingam...*

Encontramos semelhantes monumentos, que ficam a meio caminho entre a escultura e a arquitetura, principalmente no Egito. Aqui estão colocados, por exemplo, os *Obeliscos.* Na verdade, eles não tomam emprestada sua forma da natureza orgânica e viva, do reino animal ou vegetal ou da forma humana; sua configuração é bastante regular. Portanto, não possuem destinação senão para servir de moradas ou de templos; eles oferecem um aspecto livre e independente e tiram seu significado simbólico dos raios do Sol.

SÍMBOLO DA INDIVIDUALIDADE
ESPIRITUAL: A PIRÂMIDE

MAS SE se quiser uma transição caracterizada pela arquitetura simbólica, independentemente da utilidade, esta se encontra nas obras de arquitetura que, como moradas dos mortos, são, em parte, escavadas na terra e, em parte, elevadas à sua superfície.

É especialmente no Egito que uma arquitetura subterrânea e que se eleva acima do solo combina-se com um império dos mortos. Assim como é no Egito que, pela primeira vez, estabelece-se um reino do invisível. Os hindus queimam seus mortos ou permitem que seus cadáveres apodreçam na terra. Os homens, segundo a crença hinduísta, são um só com Deus, são deuses ou estão se tornando; de qualquer maneira que isso possa ser expresso, não chegamos a uma clara distinção entre os vivos e os mortos enquanto mortos. Do mesmo modo, os monumentos da arquitetura hindu, quando não devem sua origem ao islamismo, não são habitações para os mortos. Eles parecem, em geral, pertencer a uma época anterior. Mas, entre os egípcios, manifesta-se fortemente a oposição entre a vida e a morte. O espiritual começa a separar-se claramente de qualquer coisa que não é dele. Vemos aparecer o espírito individual, em sua concretude e em seu futuro. Os mortos são, por conseguinte, conservados intactos em sua existência individual. Em oposição à ideia da absorção dos seres no seio da natureza, eles são subtraídos desta torrente de vida universal, preservados da destruição. A individualidade é o princípio da verdadeira representação do espiritual; porque o espírito não pode existir como indivíduo, como personalidade. Portanto, temos de olhar para essas honras prestadas aos mortos, e sua conservação, como um primeiro passo importante para o estabelecimento da individualidade espiritual; pois aqui é a individualidade que, em vez de ser abandonada, é conservada, pois pelo menos o corpo, como a representação desta individualidade, em sua forma visível e natural, é valorizado e honrado. Heródoto conta que os egípcios são os primeiros que formalmente professaram que as almas dos homens são imortais. E, por mais imperfeito que seja, ainda aqui, a permanência da individualidade espiritual, uma vez que o morto, por três mil anos, deve percorrer todo o círculo dos animais da terra, da água e do ar, antes de voltar a um corpo humano, há, todavia, nesta concepção e no uso do embalsamamento dos corpos, uma tentativa de perpetuar a individualidade corporal e a existência pessoal independente do corpo.

Disso resulta uma consequência importante para a arquitetura, pois o espiritual, como significação interior, separa-se também do corporal. Daí em diante, é representado por si mesmo, enquanto o invólucro exterior é empregado de todos os lados como simples aparelho arquitetônico. Por isso, as moradas dos mortos, no Egito, são os templos mais antigos. O principal, o centro do culto é um ser individual que tem seu significado e valor próprios, e que se manifesta a si mesmo como distinto de sua habitação, simples invólucro construído para seu serviço, para servir-lhe de abrigo. Na verdade, este não é um homem real, para o qual foram construídos uma casa ou um palácio, mas são mortos que não precisam de nada, de reis, de animais sagrados; sobre seus cadáveres elevam-se construções gigantescas.

Assim como a agricultura detém o curso errante dos povos nômades e dá-lhes moradias fixas, da mesma forma, em geral, os túmulos, mausoléus e o culto aos mortos unem os homens. Dão àqueles que em outros lugares ainda não possuem uma moradia própria ou nenhuma propriedade, um ponto de encontro, um lugar sagrado que defenderão e não quererão deixar pilhar.

Os túmulos mais antigos e mais grandiosos encontrados no Egito são as *pirâmides*. O que, à primeira vista, pode causar-nos admiração nestas incríveis construções é o seu tamanho colossal, que, ao mesmo tempo, faz-nos refletir sobre a extensão dos séculos, sobre a diversidade, sobre o número e a persistência dos esforços humanos que foram necessários para realizar construções desta magnitude. No que diz respeito à sua forma, porém, não apresentam, de fato, nada de agradável. Em poucos minutos tudo é visto e apreendido. Por causa desta simplicidade e regularidade da forma, tem-se discutido há muito tempo qual seja sua finalidade. Os europeus modernos chegaram finalmente a um melhor conhecimento do seu interior. Belzoni descobriu a tumba de um rei na pirâmide de Quéfren. As entradas estavam fechadas da maneira mais sólida, com pedras quadrangulares; e parece que já no momento da construção os egípcios procuraram garantir que se o acesso viesse a ser conhecido, não fosse possível abri-lo novamente ou abri-lo a não ser com muita dificuldade. Isto prova que as pirâmides deveriam permanecer fechadas nem serem usadas mais tarde para outro uso. Todavia, foram encontrados em seus espaços interiores subterrâneos que pareciam servir como rotas que a alma percorreria depois da morte, em sua evolução e metamorfoses; grandes salas, canais subterrâneos, que por vezes sobem e outros descem. A tumba do rei, descoberta por Belzoni, estende-se assim, esculpida na rocha, por centenas de metros.

Assim, as pirâmides, embora dignas em si mesmas para excitar nossa admiração, não são mais que simples cristais, invólucros que contêm um núcleo, um espírito invisível e servem para a preservação do seu corpo e da sua forma. É nesta morte oculta, que se manifesta por si mesma, que reside o verdadeiro significado do monumento. Mas a arquitetura que, até agora independente, tinha tido em si mesma como arquitetura um significado próprio, se parte; e na partilha destes dois elementos *escraviza-se* a um objetivo estranho.

Ao mesmo tempo, a escultura recebe a tarefa de moldar o que é, estritamente falando, o elemento interno, embora primeiramente a imagem individual seja ainda mantida em sua forma natural e física como múmia. – Então, quando consideramos a arquitetura egípcia como um todo, encontramos, por um lado, construções independentes e simbólicas. Por outro lado, e principalmente no que diz respeito aos túmulos, aparece claramente a finalidade especial da arquitetura: servir de simples invólucro. Acrescenta-se a isso outra característica essencial; que a arquitetura já não se contenta apenas em escavar e moldar cavernas; ela apresenta-se como uma natureza inorgânica construída pela mão do homem, onde quer seja necessária para a finalidade pretendida.

Nas pirâmides do Egito surge a arte, propriamente dita, de construir, e a linha essencial, a linha reta, é, de maneira geral, a regularidade e a simplicidade das formas geométricas. Porque a arquitetura, como invólucro puramente exterior, como natureza inorgânica incapaz de revestir a aparência de um ser individual, de ser animada, vivificada pelo espírito que o habita, não pode oferecer em seu aspecto senão uma forma estranha ao espírito. Ora, esta forma que lhe é exterior não é orgânica, é abstrata e racional. Mas, embora a pirâmide já comece a oferecer o destino de uma casa, no entanto, nela, a forma retangular ainda não domina em todos os lugares, como na casa propriamente dita. Ela ainda possui, em si mesma, um destino indiferente ao útil. Ela também se encerra imediatamente sobre si mesma, da base ao cume, sem interrupção.

II. A IDEIA DE SÍMBOLO

SIGNO E SÍMBOLO

O SÍMBOLO é, primeiramente, um signo. Mas, no signo em si, a relação que o une ao significado é arbitrária. O objeto sensível e a imagem não representam nada por si mesmos, mas apenas um objeto estranho com o qual não possuem nenhuma relação especial. Assim, na linguagem, os sons articulados exprimem todos os tipos de ideias e sentimentos; mas a maioria das palavras das quais consiste um idioma estão relacionadas de uma forma bastante acidental com as ideias que elas expressam, ainda que seja possível demonstrar historicamente que a relação entre palavras e ideias era de outro tipo na sua origem. As cores nos fornecem outro exemplo; elas são empregadas nos uniformes e pavilhões para indicar a que nação pertence um indivíduo ou navio. Estas cores, em si mesmas, não contêm nenhuma qualidade que seja comum com o objeto designado por elas, a nação, por exemplo. O signo e a coisa significada aqui são indiferentes um ao outro. Não é assim que devemos considerar o símbolo na arte, porque a arte, em geral, consiste precisamente na ligação, afinidade e interpenetração íntima entre ideia e forma.

Com efeito, não é por outro senão pelo signo particular que se constitui o *símbolo*. O leão, por exemplo, será utilizado como símbolo da valentia; a raposa, da astúcia; o círculo, como símbolo da eternidade; o triângulo, da Trindade. Mas o leão e a raposa possuem em si mesmos as qualidades que devem ser expressas pelo significado. Da mesma forma, o círculo não mostra o caráter finito de uma linha reta ou outra linha que não se volta sobre si mesma e que, assim, harmoniza-se com alguma divisão do tempo. O triângulo, na igualdade numérica de seus lados e de seus ângulos, tem relação com a ideia de Deus, quando a religião concebe seus atributos em relação ao número.

Assim, nestes tipos de símbolos, o objeto exterior já contém em si o significado da representação que é empregada. Não é um signo arbitrário ou indiferente, mas um signo que, mesmo em sua exterioridade, inclui o conteúdo da representação que revela...

AMBIGUIDADE DO SÍMBOLO

MAS, AINDA que o símbolo não seja como o simples signo, estranho à ideia que exprime, não trata mais de continuar a ser um símbolo, de representá-lo perfeitamente, porque se os dois termos estão de acordo com uma qualidade comum, diferem-se em muitas outras relações. Em primeiro lugar, o objeto tomado como símbolo contém em si uma variedade de *outras* propriedades que nada tem de comum com a ideia. Por sua vez, a ideia nem sempre é uma qualidade abstrata, como a força, a astúcia, etc.; ela pode ser concreta e complexa. Por isso, ela também contém muitas outras qualidades que faz dela a parte inferior do símbolo. Assim, o leão não é apenas forte, a raposa astuta, e, por outro lado, todos os atributos de Deus não podem ser expressos apenas por números. A este respeito, o conteúdo e sua forma tornam-se indiferentes um ao outro; a ideia pode ser representada por uma série de outras imagens, e a mesma forma de expressar ideias diferentes. Assim, pode-se dizer que o melhor símbolo de força é o leão, mas este também pode ser o touro, os chifres, etc., e, reciprocamente, o touro tem uma série de outros atributos simbólicos. Quanto às formas e imagens que podem ser empregadas como símbolos da divindade, seu número é infinito.

Segue-se daí que o símbolo é, por natureza, essencialmente *ambíguo*.

Em primeiro lugar, ao aspecto de um símbolo, é questionável se este é realmente *um símbolo* ou não; então, assumindo que assim seja, qual é, entre *todas* as significações que um símbolo pode conter, uma que é verdadeiramente *sua*. Muitas vezes, porém, a relação entre o signo e a coisa significada pode estar muito distante.

Em segundo lugar, temos diante de nós um objeto, uma imagem; mas esse objeto, se for um leão, uma águia, uma cor, pode muito bem representar apenas a si mesmo; talvez seja simplesmente a imagem de um leão, etc. Será que isso designa outra coisa? Uma ideia abstrata como a força, ou até mesmo uma ideia mais concreta, um herói, uma época do ano? É o touro símbolo da agricultura? Deve essa imagem ser tomada, como dizem, *literalmente* ou *também figurativamente*, ou só no sentido figurado? Neste último caso, palavras como *compreender, concluir* não exprimem senão atos do pensamento, sem nos lembrarmos, ao mesmo tempo, da ação de compreender, de concluir. Na imagem de um leão, não concebemos apenas seu significado como um símbolo, mas vemos o objeto sensível, o animal.

Uma ambiguidade similar só cessa quando cada um dos dois termos, ideia e forma, é expressamente nomeado e sua relação é igualmente enunciada; mas também o objeto sensível não é mais um símbolo, na acepção própria do termo. É uma simples imagem e a relação da imagem com seu significado assume a forma conhecida da *comparação*. Na comparação, na verdade, ambos os termos devem estar presentes em nosso espírito, mas separados, de um lado a ideia e de outro a imagem. Se, ao contrário, a reflexão ainda não está desenvolvida o suficiente para captar claramente a ideia geral em si mesma e expressar, por seu caráter próprio, esta separação não pode ocorrer. Ambos os termos se confundem. Isto é o que constitui a diferença do símbolo e da comparação.

... O que dissemos sobre o símbolo e seu caráter ambíguo não se aplica apenas a alguns exemplos isolados que vemos ao nosso redor, mas a um conjunto de criações extraordinárias que formam toda uma era na história da arte, e incluem a arte Oriental quase inteiramente. Quando nos encontramos neste mundo de representações e imagens simbólicas da antiga Pérsia, Índia e Egito, tudo parece estranho; sentimos que caminhamos entre *problemas*. Essas imagens não nos prendem por si mesmas. Esse espetáculo não nos agrada nem nos satisfaz em si mesmo; mas exige de nós que cruzemos a forma sensível para penetrar em seu sentido mais amplo e mais profundo.

... Mas nessa falta de conformidade entre a ideia e sua expressão artística, quanto deve ser feito pela escassez, pobreza e grosseria da própria arte? Até que ponto, por outro lado, na impotência de apresentar pelas formas mais puras e mais belas a profundeza das ideias religiosas, foi preciso chamar o fantástico e o grotesco em auxílio de uma representação que aspirava não permanecer abaixo de seu objeto? Isto é o que, em primeiro lugar, pode parecer muito confuso decidir.

III. CARACTERES ESSENCIAIS DA ARTE SIMBÓLICA

1. LUTA ENTRE O FUNDAMENTO E A FORMA

O QUE caracteriza a arte essencialmente simbólica, já que ela se esgota em vãos esforços para alcançar concepções puras e um modo de representação que lhe convém, é um combate entre o fundo ainda oposto à verdadeira noção do ideal e a forma que não é-lhe homogênea. Porque esses dois elementos, embora combinados para formar um único todo, não concordam nem entre si nem com a verdadeira ideia de arte; eles tendem, por consequência, a romper essa união imperfeita. Podemos, portanto, a este respeito, considerar a arte simbólica como um todo representando a luta constante dos dois elementos da arte que procuram inutilmente colocarem-se em acordo, e os diferentes graus de seu desenvolvimento que apresentam menos gêneros diferentes de símbolos que as variadas fases e modos sucessivos desta luta do elemento espiritual e da forma sensível.

2. A FORMA SIMBÓLICA, ALUSÃO À IDEIA

a) O "sentido misterioso" dos símbolos

Seu caráter essencial consiste em não ir até a concepção da ideia em si, independentemente de qualquer forma exterior. Ele também tem o seu ponto de partida no real, nas formas concretas da natureza e do mundo moral. Além disso, ele estende seu sentido fazendo-os expressar ideias gerais por analogias cujo âmbito natural é em si mesmo bastante restrito. Desta forma, ele cria uma obra do espírito que, ofertada aos sentidos, revela à consciência a ideia universal em um fenômeno particular. Como simbólicas, estas representações não são, no entanto, ainda a forma devidamente adequada que convém ao espírito, porque aqui nem é claro o pensamento nem livre o espírito. Todavia, estas são formas que têm a vantagem de mostrar que elas não foram escolhidas para se manifestar; senão que têm por objetivo deixar entrever ideias profundas. Temos diante de nós uma mera aparência física e sensível; mas a obra de arte simbólica, quer ofereça aos nossos olhos os fenômenos da natureza, quer reproduza a forma e as ações humanas, representa outra coisa, a saber: ideias que possuem uma afinidade interior com essas imagens visíveis, e uma relação essencial com elas...

... Os números sete e doze, por exemplo, aparecem frequentemente na arquitetura egípcia, porque sete é o número de planetas, doze, o da lua, ou o número de pés até onde deve subir o Nilo para espalhar a fertilidade sobre o Egito. Este número foi então considerado como sagrado, porque marca uma determinação numérica nas grandes leis do mundo, que são reverenciadas como as potências da vida universal da natureza. Doze graus e sete colunas são os símbolos, sob esse ponto de vista.

Números simbólicos semelhantes estendem-se até mitologias mais avançadas; por exemplo, os doze trabalhos de Hércules também parecem referir-se aos doze meses do ano. Hércules, de fato, aparece em outro relato: como um herói personificado na forma humana;

mas ele apresenta também um sentido físico simbolizado. É uma personificação do curso do sol.

As figuras simbólicas traçadas no espaço já são menos abstratas; e os desvios de um labirinto, por exemplo, como símbolo da marcha circular dos planetas. Do mesmo modo, também, as danças sagradas, em sua evolução, possuem sentido misterioso; elas representam simbolicamente os movimentos dos grandes corpos celestes.

b) Os símbolos alusões ao divino

A ideia do que constitui, em geral, o princípio da arte simbólica, responde ao seguinte modo de representação: em primeiro lugar, as formas determinadas da natureza, as ações humanas, etc. não representam e expressam somente a si mesmas e ao caráter particular que lhes é próprio. Por outro lado, elas não manifestam o princípio divino como presente e visível; elas devem aludir por estas suas qualidades que têm alguma afinidade com esta ideia. Além disso, essa dialética geral da vida, nascimento, crescimento, morte e renascimento dos seres, constitui precisamente, sob este ponto de vista, o fundamento que se adéqua à forma simbólica propriamente dita, porque em todos os reinos da natureza e nas várias fases da vida humana encontram-se fenômenos que têm um desenvolvimento semelhante para o princípio de sua existência. Estes fenômenos podem, portanto, ser empregados para expressar esta ideia ao significado e a fazer compreender; entre os dois elementos, o fundo e forma, há uma afinidade genuína. Assim, as plantas emergem de suas sementes, germinam, florescem, dão frutos: o fruto se decompõe e produz novas plantas. Da mesma forma, o sol fica baixo no horizonte no inverno, renasce na primavera, até que no verão atinja o topo do seu curso. Assim, ele espalha seus benefícios sobre a terra, ou seus raios ardentes exercem uma influência mortal e destrutiva; mas depois entra em declínio. Da mesma forma, as diferentes fases da vida, infância, juventude, maturidade e velhice são as mesmas fases sucessivas. Esta ideia encontra aqui, em particular, um teatro que lhe é perfeitamente adequado em uma região especial: no Egito, onde é representada pelos fenômenos da cheia e da estiagem do Nilo.

IV. A ARTE EGÍPCIA

1. O Egito e a necessidade da arte

É no Egito que devemos procurar o mais perfeito exemplo do desenvolvimento de forma simbólica. O Egito é a terra do símbolo que se propõe a decifrar o espírito por si só, sem, no entanto, ter êxito na busca de tal objetivo. Os problemas continuam por se resolver, e toda solução que lhes podemos dar consiste em saber que os enigmas da arte egípcia eram enigmas para os próprios egípcios.

No entanto, os egípcios são um povo verdadeiramente artístico. Nele, na verdade, o espírito ainda se manteve na realidade externa, esforçando-se e mostrando atividade incansável para satisfazer a esta necessidade que o atormenta, de expressar seu pensamento para o exterior por fenômenos naturais tornando estes em objetos da *intuição*, não do pensamento. Mas seus monumentos permanecem ainda misteriosos e calados, mudos e imóveis, porque mesmo aqui o espírito ainda não encontrou a vida que lhe é própria, e não sabe ainda falar a linguagem clara e inteligível do espírito.

O Egito caracteriza-se pela necessidade e tendência imperativas do espírito que, incapaz de satisfazer-se, procura manifestar-se por meio da arte, de uma forma ainda silenciosa, a dar forma ao interior ao tomar consciência por meio de formas externas apropriadas de sua vida interior, como da interioridade em geral.

2. A morte: o exterior e o interior

As pirâmides colocam diante de nossos olhos a imagem mais simples da arte simbólica em si. Estes são enormes cristais, contendo em seu interior algo de dissimulado que eles cercam de uma forma externa, produzidos pela arte; de maneira que aparecem como simplesmente destinados a servir de invólucro a este interior despojado de suas características puramente naturais, e só têm significado por sua relação com ele.

3. O animal: a vida superior à matéria

Assim, como o interior deve, portanto, revelar-se aos sentidos e manifestar-se na natureza, os egípcios caíram no extremo oposto de adorar a existência divina nos seres vivos como no touro, nos gatos e em muitos outros animais. O ser vivo possui uma natureza mais elevada do que o ser inorgânico; porque o organismo vivo contém uma força interior que se manifesta em sua forma exterior; mas este princípio permanece interno, e, por isso, é algo de obscuro e misterioso. Assim, o culto aos animais deve ser aqui entendido como a contemplação de um princípio interno que anima os seres, a vida enquanto potência superior à existência material.

4. Osíris: o espírito superior à vida

Osíris é gerado, nasce, e, então, é assassinado por Tífon. Mas Ísis procura seus ossos espalhados, junta-os e sepulta-os. O fundo desta história de Deus tem um sentido primeira e simplesmente cosmológico e físico. Em primeiro lugar, Osíris é o sol e sua história é um símbolo da revolução anual deste astro; em segundo, isso significa a cheia e regressão das águas do Nilo, que deve espalhar a fecundidade em todo o Egito... Por outro lado, Osíris também representa o *homem* e sua história. Ele é venerado como o inventor da agricultura, da divisão dos campos, da propriedade, das leis e seu culto está relacionado aos acontecimentos da vida humana, que estão intimamente relacionados de uma forma estrita à moral e à lei. Da mesma forma, é o juiz dos mortos, e, por isso, adquire um significado que surge totalmente da natureza à qual o símbolo pertence sempre à sua origem. Aqui, o interior, o espírito é considerado como a essência da forma humana que, por conseguinte, começa a representar sua própria interioridade; mas, em seu desenvolvimento progressivo, torna-se, por sua vez, a imagem da vida cósmica, e a representa, de uma forma totalmente exterior, na construção de templos, no número de escadas e de seus degraus, em colunas e labirintos, em seus caminhos, suas curvas e suas câmaras. Assim, Osíris, nas diversas fases de sua existência, é tanto a vida na natureza quanto no mundo do espírito; e suas formas simbólicas representam, em parte, os elementos da natureza, enquanto, por sua vez, os fenômenos do mundo físico são empregados como símbolos das ações morais. Disso resulta que a forma humana já não é, como na arte hindu, uma mera personificação, porque aqui, o fenômeno físico mantendo, em um aspecto, o seu sentido próprio, é empregado, por outro lado, como um símbolo do espírito e, em geral, nesta forma de arte em que o espírito se eleva acima da natureza e apresenta um caráter subordinado. Assim a forma humana começa a aperfeiçoar-se e a tomar outro rumo. Ela revela precisamente essa tendência a elevar-se, a espiritualizar-se, embora esse esforço ainda não atinja o seu objetivo: a liberdade do espiritual em si. Devido a esta falta de liberdade, a figura humana permanece ainda sem verdadeira expressão, sem serenidade, colossal, séria, petrificada. As pernas, os braços e a cabeça não se desprendem do resto do corpo: eles estão fixos, compactos, sem graça, sem movimento e sem vida. A Dédalo atribui-se a arte de ter, pela primeira vez, libertado os braços e pés e ter dado movimento ao corpo.

5. A Esfinge: "Conhece-te a ti mesmo"

O significado desses símbolos, na interpretação dos quais hoje em dia vai-se muito longe, porque quase todas essas representações estão disponíveis, de fato, imediatamente como símbolos, pode ter sido clara e inteligível para os egípcios, da mesma forma como buscamos explicar a nós mesmos; mas os símbolos egípcios, como vimos no início, contêm *implicitamente* muito e *explicitamente* pouco. São trabalhos empreendidos com o objetivo de tornar-se claros para si mesmos. No entanto, este esforço não foi bem-sucedido; a esse respeito, vemos que os monumentos egípcios encerram um enigma que aqueles que se propuseram a decifrá-lo não obtiveram mais que nós a verdadeira interpretação.

As obras de arte egípcia em seu simbolismo cheio de mistérios formam, portanto, um vasto *enigma*, o enigma por excelência. Podemos apresentar como símbolo deste caráter próprio do espírito egípcio, a *Esfinge*. A esfinge é, ao mesmo tempo, o símbolo do próprio simbolismo. No Egito podemos encontrar inumeráveis estátuas de esfinges colocadas às centenas uma após a outra; elas são de pedra muito dura e polida, cobertas de hieróglifos. No Cairo, há uma de tamanho tão colossal que suas garras de leão ultrapassam em tamanho a um homem. Trata-se de corpos de animais agachados, cuja parte superior dispõe-se, às vezes, coberta com uma cabeça de carneiro ou, geralmente, com a cabeça de uma mulher. O espírito humano esforçou-se para evitar a forma bruta e estúpida do animal, sem chegar a uma representação perfeita da liberdade, a uma forma plena de vida e de movimento, porque ele ainda deve permanecer envolvido e associado a elementos estranhos. Esta tendência à espiritualidade que já têm consciência de si mesmo, mas ainda não reconhece em um objeto real sua imagem perfeita, e não contempla senão formas que têm alguma afinidade consigo, permanecendo tudo nela estranho, é o próprio simbólico, que atingiu seu estágio final, tornando-se *enigma*.

É nesse sentido que a Esfinge, no mito grego, que podemos explicar simbolicamente, surge como o monstro que propõe enigmas. A Esfinge apresenta esta questão enigmática: "Quem é que na parte da manhã anda sobre quatro pés, ao meio-dia com dois e à noite com três?". Édipo encontrou esta explicação muito simples: *o homem*; e fez o monstro precipitar-se do alto do rochedo. A explicação do símbolo encontra-se na *ideia* que existe em si mesma e está consciente de si mesma: no espírito. É assim que a famosa inscrição grega disse ao homem: *Conhece-te a ti mesmo*. A luz da consciência é a tocha que deixa ver claramente a ideia por meio da forma sensível que lhe é exatamente apropriada e é somente nesta existência exterior que o espírito se manifesta a si mesmo.

{ II }

A Escultura, Arte Clássica

I. ESCULTURA COMO EXPRESSÃO CLARA

Unidade do espírito e do corpo na forma humana

Na arte simbólica o espírito não estava claro para si mesmo: sua manifestação externa não se mostra como sendo sua, possuída por si e em si. A forma deveria ser significativa, mas a significação aí estava contida apenas parcialmente em um ajuste imperfeito. Ainda estranha ao seu conteúdo, a existência externa, em vez de apresentar a significação, apresenta-se a si mesma; para que fosse visível que visava a uma significação mais ampla, era preciso fazer-lhe violência... Para que a relação entre a significação e a forma não fosse mais forçada e artificial, era preciso que a forma já tivesse o seu significado em si mesmo: que ela fosse a manifestação do espírito. Essa forma é a forma humana, porque só ela é capaz de manifestar o espírito de uma maneira sensível. A expressão do rosto, dos olhos, da postura e dos gestos apresenta, na verdade, uma aparência material, e para isso não é preciso buscar o espírito; mas isso não acontece como entre os animais; o espírito atravessa a superfície corporal. O olho, por assim dizer, permite ver a alma humana; e, em geral, o caráter moral do homem é expresso por todo seu exterior. Se, portanto, a natureza corporal pertence ao espírito como sendo seu próprio modo de existência, o espírito, por sua vez, é a interioridade que pertence ao corpo: assim a matéria, aqui, não encerra nem expressa nenhuma outra significação. Esta é a estreita correspondência que existe entre o espírito e o corpo, como essencialmente apropriada um ao outro. É verdade que a forma humana traz consigo muito do tipo animal; mas entre os animais e o homem há uma diferença essencial de que a forma humana parece não ser apenas a sede, mas a única manifestação natural do espírito. Por isso, o espírito não está diretamente presente aos outros senão pelo corpo... Há, de fato, na forma humana da inanimidade, o feio, ou seja, algo de determinado pelas influências e dependências exteriores. Mas se isso é assim, a tarefa da arte é eliminar esta oposição entre a matéria e o espírito, embelezar o corpo, tornar essa forma mais perfeita, animá-la e espiritualizá-la.

Este modo de representação, portanto, não oferece nada mais do que o simbólico. Aqui há mais destas tentativas e destes esforços inúteis, mais dessas criações bizarras e desses esboços monstruosos; porque, quando o espírito é compreendido como espírito, tudo torna-se fixo, claro e preciso. Sua união com a forma que lhe convém é também algo de positivo que não precisa mais ser uma combinação artificial da imaginação, feita apesar da realidade. Muito menos o ideal clássico é simplesmente uma personificação superficial, representada sob a forma corporal, pois todo o espírito, como constituindo a essência da obra de arte, penetra a forma sensível e deve identificar-se completamente com ela.

Escultura e arquitetura

A escultura encontra-se ainda no mesmo grau que a arquitetura, já que molda o elemento sensível, o material em sua forma *material*, sua forma extensa. No entanto, ela se difere em que não trabalha a matéria inorgânica como algo alheio ao espírito, de modo a criar um simples ambiente adequado à sua utilização, confinando-se apenas a assumir as formas que tinham sua finalidade fora de si mesma. No entanto, ela representa o próprio ser espiritual, tendo em si seu próprio fim, livre e independente, em sua própria ideia, e esta, em uma forma corporal que convém essencialmente à sua individualidade: ela oferece aos olhos os dois termos, o corpo e o espírito, como a formar um só e mesmo todo, como inseparáveis. A obra da escultura livra-se, portanto, da destinação imposta à arquitetura, a de servir ao espírito do simples âmbito material. Ela existe por si e para si mesma.

II. A ESTÁTUA

O PERFIL GREGO

O PERFIL grego caracteriza-se pela relação particular da fronte com o nariz, pela linha quase reta ou ligeiramente recurvada que vai da fronte ao nariz, sem interrupção, em seguida, pela direção desta linha em relação àquela que pode ser tirada a partir da raiz do nariz ao canal do ouvido e que faz um ângulo reto com a primeira. Assim, correspondem nariz e fronte na bela escultura ideal. – Podemos perguntar se é um mero acidente nacional e artístico, ou uma necessidade fisiológica.

A linha em questão é, de fato, uma diferença bem característica entre a figura humana e a dos animais. Nos animais, a boca e os ossos nasais formam uma linha mais ou menos reta; mas a saliência particular do focinho do animal, que se projeta para frente para aproximar-se dos objetos, é essencialmente determinada pela relação com o crânio em que o ouvido é colocado mais acima ou mais abaixo, de maneira que desta vez a linha extraída da raiz do nariz ou mandíbula superior na base do crânio forma com a da fronte, não mais, como nos seres humanos, um ângulo reto, mas um ângulo agudo. Não há ninguém que não sinta essa diferença, que, aliás, pode-se afirmar com mais rigor.

Na conformação da cabeça dos animais, o focinho, destinado a agarrar e a esmagar com a mandíbula superior e inferior, os dentes e os músculos que servem à mastigação, forma a parte proeminente. A este órgão principal unem-se outros órgãos apenas como auxiliares e acessórios. Assim, o nariz para farejar o alimento, os olhos para espiar, são-lhe subordinados. O aspecto marcante desta conformação, dedicado exclusivamente às necessidades naturais e à sua satisfação, dá à cabeça animal a expressão de uma simples propriedade às funções físicas, sem qualquer identidade espiritual. Podemos entender assim depois do órgão da mastigação todo o organismo animal. Na verdade, a forma específica de alimentar-se exige uma estrutura determinada do focinho, um tipo particular de dentes com os quais se ligam da maneira mais estreita, a estrutura da mandíbula e seus músculos, os ossos da face e, mais além, as vértebras cervicais, os ossos das coxas e das pernas, as unhas, etc. Esta proeminência dos órgãos afeitos exclusivamente à necessidade natural e à sua saciedade dá à cabeça do animal uma expressão de simples cumprimento das funções vitais, sem qualquer idealismo espiritual.

Se, então, a face humana deve, de acordo com sua conformação física, ter um cunho espiritual, esses órgãos, que nos animais parecem ser os mais importantes, estão ausentes nos seres humanos e dão lugar àqueles que expressam não um papel prático e material, mas *teórico* e intelectual.

O rosto humano tem, portanto, um segundo centro no qual se manifesta a relação da alma e do espírito com as coisas. Este é a fronte, sede da reflexão, com os olhos situados pouco abaixo e onde se reflete toda a alma, enfim, os traços circundantes. À fronte, na verdade, estão relacionados o pensamento, a reflexão do espírito, cujo *interior* revela-se mais claramente e concentra-se nos olhos. Quando a fronte avança, enquanto a boca e o maxilar se retraem, a figura humana toma um caráter *espiritual*. Portanto, esta disposição da fronte é, necessariamente, o que determina toda a estrutura do crânio. Esta, agora, não mais se retrai para trás, mas forma apenas um dos lados de um ângulo agudo, cuja ponta, o focinho, era direcionada para frente; mas da fronte, pelo nariz, até a ponta do queixo, pode-se traçar uma linha que, com uma segunda que é extraída abaixo da parte posterior da cabeça até o alto da fronte, fornece um ângulo reto, ou chega perto disso.

Em terceiro lugar, a transição e a ligação entre a parte superior e inferior do rosto, entre a fronte puramente contemplativa e espiritual, e o órgão prático da mastigação, encontram-se no meio do nariz. Enquanto o órgão do olfato, o nariz, tem seu centro entre a relação toda prática e a relação teórica com o mundo exterior. Neste ambiente, é ainda, e de fato, afeito a uma necessidade animal.

Porque o olfato está essencialmente associado ao paladar; o que faz com que no animal o nariz esteja a serviço da boca e da nutrição. Mas cheirar ou farejar não é agir positivamente sobre os objetos ou destruí-los, como comer e degustar. O nariz só recebe o resultado da transformação química dos corpos, confundindo-se com o ar em sua dissolução invisível e secreta. Se se faz a transição da fronte até o nariz, de tal sorte que a fronte se arqueia e se retrai ao chegar ao nariz, enquanto este, por sua vez, ao contrário da fronte, permanece rebaixado para revelar-se em seguida as duas partes do rosto, a contemplativa, ou a da fronte, e a do nariz e a da boca que indicam uma função física formam uma forte oposição, na qual o nariz, que pertence também a ambos os sistemas, desce da fronte ao sistema da boca. A fronte, em sua posição isolada, mantém em si uma expressão de firmeza e de concentração intelectual egoísta, que contrasta com o caráter expressivo e comunicativo da boca. Neste caso, este último, que serve de órgão à nutrição, toma o nariz a seu serviço, como instrumento que desperta os desejos pela ação de farejar. Este se mostra, assim, como dirigido no sentido de uma necessidade física... A maneira segundo a qual a fronte é arqueada, mais ou menos proeminente ou fugidia, não pode ser determinada com exatidão. O nariz também pode ser mais ou menos achatado ou pontudo, pendente, recurvado, profundamente rebaixado ou empinado.

Pelo contrário, na feliz e fácil fusão, na bela harmonia que apresenta o perfil grego entre a parte superior e inferior do rosto, pela transição suave e contínua da fronte, sede da inteligência, ao nariz, esta parece precisamente, devido a esta dependência, mais adequada à fronte, e obtém, assim, ela mesma, como atraída ao sistema do espírito, uma expressão e um caráter espirituais.

O olfato torna-se, ao mesmo tempo, um órgão intelectual, um nariz que tem a sutileza para coisas espirituais. E, na verdade, o nariz, pela impertinência e outros movimentos, por mais insignificantes que possam parecer, mostra-se, no entanto, altamente suscetível a exprimir os juízos e os sentimentos do espírito. Assim, dizemos de um homem orgulhoso: "Ele tem o nariz para cima"; e atribuímos a uma jovem, que tem um nariz arrebitado, um ar arrogante.

O mesmo acontece com a boca. Ela tem, na verdade, por um lado, como destino a ser o órgão responsável à satisfação da fome e da sede. Mas, por outro lado, expressa também os sentimentos e as paixões da alma. Já, no animal, serve, a este respeito, para gritar e uivar; nos humanos, para falar, rir e suspirar. Os traços da boca, também, já possuem uma relação com o ato espiritual de comunicar os pensamentos pelas palavras, ou com a alegria, a dor, etc. Diz-se, pelo que sei, que esta conformação do rosto não era admirada e preferida senão pelos gregos; que os chineses, judeus e egípcios viam outras formas até mesmo completamente opostas como não menos belas, mas até superiores, de modo que as autoridades se equilibram, pois não há provas de que o perfil grego seja o tipo da verdadeira beleza. Mas isso não passa de um propósito superficial. O perfil grego não pode ser considerado como uma forma exterior ou acidental; ele pertence ao ideal de beleza absoluta, porque somente nessa conformação da figura é que a expressão do espírito contém inteiramente o elemento puramente físico em um plano inferior, e, por outro lado, escapa à maioria dos acidentes da forma, sem, no entanto, mostrar uma única ordem e banir toda a individualidade.

Atitudes e movimentos do corpo

No que diz respeito à *postura* do corpo, o que é oferecido, à primeira vista, é a posição ereta do homem. O corpo do animal corre paralelamente ao solo. A boca e os olhos seguem a mesma direção da coluna. O animal não pode, por si mesmo, acabar com essa relação com o peso que o distingue. No homem ocorre o oposto, uma vez que o olho se volta para frente, em seu sentido natural, faz um ângulo reto com a linha da gravidade e do corpo. O homem pode também, aliás, andar sobre quatro patas, e é isso o que fazem as crianças. Mas, assim que a consciência começa a se manifestar, ele rompe o elo animal que o liga ao solo, coloca-se ereto e livre. Manter-se ereto é um efeito da vontade. Porque, se deixamos de querer, nosso corpo deixar-se ir e cairá no solo. Isso por si só, a posição ereta, já expressa um significado espiritual. O fato de elevar-se acima do solo, vinculado à vontade, depende do espírito e indica liberdade. Também costumou-se dizer de um homem que tem um caráter independente, que não submete seus sentimentos, suas opiniões, seus projetos e seus planos aos dos outros, que ele se mantém firme sobre suas pernas.

Ainda que a posição ereta não seja bela por si mesma, ela se torna assim pela liberdade da forma. De fato, o homem, ao manter-se apenas ereto, com os braços largados ao longo do corpo, sem destacar-se, enquanto as pernas permanecem, do mesmo modo, juntas uma contra a outra dão uma expressão desagradável de rigidez, mesmo quando não houvesse nessa postura nenhuma restrição. Rigidez produz aqui, por um lado, mera regularidade de alguma forma arquitetônica; os membros estão simetricamente justapostos. Por outro lado, nenhuma determinação espiritual vinda do interior manifesta-se no exterior. Os braços, as pernas, o peito, a barriga, todos os membros estão aí como que pressionados naturalmente no homem, sem ser posto pelo espírito e pela vontade nas novas relações. O mesmo ocorre quando o corpo está assentado. O fato de juntar seus membros e agachar-se junto ao solo indica uma falta de liberdade, algo de subordinado, servil e desprezível. A postura livre, pelo contrário, evita, por um lado, a regularidade abstrata, dirigindo a posição do corpo pelas linhas que, ao invés de formar ângulos geométricos entre elas, aproximam-se das formas específicas do reino orgânico. Por outro lado, ela deixa entrever as determinações espirituais, de maneira que possamos reconhecer pela posição do corpo as situações morais e as paixões da alma. É neste caso somente que o vulto se torna uma manifestação do espírito. Em terceiro lugar, a postura não deve parecer jamais forçada e coagida. A impressão causada em nós deve ser a mesma como se o corpo tivesse tomado esta posição por si mesmo. Sem isso, o corpo e o espírito mostram-se como diferentes, estranhos um ao outro. Um dá ordens, o outro contenta-se em obedecer; enquanto ambos, pelo menos na escultura, devem formar um todo, fornecer uma harmonia perfeita. A falta de restrição, neste contexto, é uma condição indispensável. A postura é o resultado da completa fusão do espírito e de seus membros que anima e penetra, e que se dobra naturalmente às suas determinações. No que toca mais de perto à maneira do vulto, que a posição dos membros, na escultura ideal, é responsável por expressar, este não deve ser tudo o que há de variável e momentâneo. A escultura não representa suas personagens como se fossem petrificadas e congeladas de repente no meio da ação pelo chifre de Huon.[2] Em contraste, o vulto, embora sempre possa especificar uma ação caracterizada, não deve expressar senão um início e uma preparação, uma intenção ou a cessação da ação e um retorno ao repouso. O repouso e a independência de espírito, que contêm em si a possibilidade de todo o mundo, são o que há de mais compatível com o propósito da escultura.

Este *movimento* é como a atitude. Ele não encontra seu lugar na escultura em si, enquanto esta não se aproxima do tipo de representação própria de uma arte mais desenvolvida.[3] Oferecer aos olhos a imagem da natureza divina na calma da felicidade, bastando-se a si mesma, isenta de combates, é sua principal tarefa. Por isso, é excluída a multiplicidade de movimentos. Pelo contrário, ela representa sua personagem de pé, absorvida em si mesma, inclinada ou deitada, em uma espécie de plenitude; ela se abstém de toda ação determinada, não concentra toda a força em um só momento e não faz deste momento o principal. Ela exprime a duração tranquila, sempre a mesma. A situação da personagem divina deve lembrar que nada é passageiro nesta natureza imortal.

O PUDOR E O NU

O VESTUÁRIO, em geral, independentemente do objetivo artístico, encontra seu princípio, primeiramente, na necessidade de preservar-se das influências da temperatura; em seguida, vem o sentimento de vergonha que leva as pessoas a se vestirem. O pudor, filosoficamente falando, é um começo de cólera contra algo que não deve ser. O homem que está consciente de seu elevado destino espiritual deve considerar a simples animalidade como algo que é indigno dele; ele deve tentar esconder, como algo que não responde, em absoluto, à nobreza da alma, as partes do corpo, como abdômen, tórax, costas, pernas, que desempenham funções meramente animais ou indicam apenas o físico como tal e não têm nenhuma destinação ou expressão imediatamente espirituais. Em todas as nações em

---

2 [N. T.]: Personagem épica francesa que diz a história ter sido exilada por Carlos Magno.

3 [N. T.]: Isso quer dizer que a pintura, a escultura são semelhantes à criação do grupo, que já representam situações mais animadas e especialmente pelo *alto* e *baixo-relevo*.

que se faz notar um início de reflexão, nos encontramos, portanto, também, num sentido mais ou menos forte, o sentimento de pudor e a necessidade de vestir-se. Já, no relato do Gênesis, esta transição é contada de uma forma altamente significativa...

... Mas entre os gregos, onde o sentimento de individualidade pessoal, tal como oferecido de imediato e exposto espiritualmente no corpo, foi levado a tal nível que o sentido das formas belas e livres deve chegar também a representar o humano em sua forma imediata, o corpo como um atributo do homem e como animado pelo espírito. Deve-se honrar esta forma acima de tudo, porque é a mais livre e mais bela. Nesse sentido é que eles rejeitaram este pudor que não quer deixar ver o que é simplesmente corporal no homem, e isso, não esquecendo o sentimento moral, mas pela indiferença aos desejos puramente sensíveis e por causa da beleza. É por isso que, deliberadamente, uma série de sujeitos é representada nua.

Vestuário e cortinas

Sabemos, e o primeiro olhar lançado às estátuas ou pinturas modernas pode nos convencer de que nosso vestuário atual é completamente contrário à arte. Na verdade, o que vemos, estritamente falando, não são os contornos fáceis, livres e vivos do corpo, em sua estrutura delicada e fluente, mas sacos estreitos, com pregas fixas. Mesmo quando a parte mais geral da forma é preservada, as belas ondulações orgânicas são completamente perdidas. Vemos imediatamente que algo de confeccionado segundo um padrão externo, pedaços de pano cortados, costurados aqui, revelados ali, fixos e garantidos em outros lugares, basicamente, uma forma que carece totalmente de liberdade; dobras e superfícies adaptadas aqui e ali com o auxílio de costuras, botoeiras e botões.

Na realidade, semelhante vestuário é uma simples cobertura, um invólucro, por um lado, completamente privado de forma própria, e que, por outro, na disposição orgânica dos membros que, geralmente, se segue, cobre, precisamente, a beleza física dos contornos naturais e suas ondulações, para oferecer, em vez disso, o aspecto de um tecido mecanicamente moldado. Isso é o que torna o caráter completamente não artístico do vestuário moderno.

O princípio segundo o qual o vestuário é consistente com as regras da arte, é o que deve ser tratado, de alguma maneira, como uma obra de arquitetura. A obra arquitetônica é apenas um invólucro no qual o homem pode, todavia, mover-se livremente e que também, por sua vez, como separado do que ele abriga, deve ter e demonstrar em si sua destinação própria por seu modo de arranjo e disposição. Além disso, o que ele tem de arquitetônico no apoio e no que é apoiado é moldado por si mesmo, de acordo com a natureza mecânica que lhe é própria. A forma de vestuário que encontramos adotada na escultura ideal dos antigos segue um princípio semelhante. O manto, em especial, é como uma casa na qual se move livremente. Certamente, é usado, mas somente em um ponto e está ligado, por exemplo, ao ombro, mas em todo o resto ele desenvolve sua forma particular segundo as determinações de seu próprio peso e está suspenso, caindo livremente lançando suas dobras e recebe apenas da postura as alterações desta livre disposição. Encontramos mais ou menos a mesma liberdade em outras partes do vestuário antigo. Não só não vemos nada de apertado e de artificial, cuja forma demonstra toda a tensão e inconveniência exterior, mas a forma é independente e, portanto, recebe a iniciativa do espírito pela imposição da personagem. As vestimentas dos antigos também são apoiadas apenas pelo corpo e modificadas por sua pose a ponto de ser necessária para que não caia. Porque uma coisa é o corpo, outra coisa o vestuário que, por conseguinte, deve preservar seus direitos e aparecer em sua liberdade. O vestuário moderno, ao contrário, é totalmente apoiado pelo corpo e é-lhe sujeito, de sorte que, ao expressar da maneira mais notável a posição do corpo, ele simplesmente imita as formas dos membros; ou, então, onde pode obter, no espaço entre as dobras, etc., uma configuração independente, é deixado apenas ao alfaiate, que o molda seguindo os caprichos da moda. O tecido é cortado em todas as direções, em primeiro lugar pelos diferentes membros e seus movimentos, em seguida, por suas próprias costuras. – Por essas razões, o vestuário antigo é o tipo ideal que convém às obras de escultura, e é preferível à roupagem moderna.

III. CARACTERÍSTICAS ESSENCIAIS DA ARTE CLÁSSICA

1. A ARTE CLÁSSICA COMO EXPRESSÃO DO ESPÍRITO

O ESPÍRITO, como espírito, é, na verdade, sempre subjetividade, consciência interior de si mesmo, sempre eu. Mas este eu pode escapar do que, no saber e no querer, nas concepções, nos sentimentos e nas ações do homem, constitui a essência, o fundamento universal e eterno do espírito para colocar-se em sua individualidade única, e sua existência acidental. Assim, é a subjetividade como tal que se põe em evidência, uma vez que ela abandona o conteúdo objetivo e verdadeiro do espírito e que, portanto, privada de consistência, não está mais em acordo consigo mesma, e de uma maneira totalmente externa. Na satisfação pessoal, por exemplo, posso me comportar de uma maneira bastante objetiva, estar satisfeito comigo mesmo por causa de uma ação moral e boa em si mesma. No entanto, não me separo do fundamento da ação, como estando independente. Eu, este ser individual que eu sou, separo-me do espírito universal para comparar-me a ele. O acordo entre meu eu comigo mesmo, nessa comparação, produz a satisfação pessoal, na qual o eu determinado, precisamente este indivíduo que eu sou, une-se a seu próprio sujeito. Sem dúvida, o eu pessoal reencontra-se em tudo o que o homem pensa, deseja e executa. Mas, que em seus pensamentos e suas ações, o homem ocupa-se de seu eu particular ou do que constitui o fundamento essencial da consciência, que ele se identifica completamente com este fundamento eterno, ou que vive em uma relação contínua com sua personalidade subjetiva, há uma grande diferença.

A pessoa, o sujeito, elevando-se assim bem acima do princípio substancial das coisas, deixar-se levar pela particularidade inconsistente de suas inclinações, de seus caprichos, das impressões fugazes e fortuitas, e, portanto, no desenvolvimento da sua atividade, em seus atos determinados, ele se entrega dependendo das circunstâncias e de sua mobilidade. Em geral, ele não pode escapar das relações que o acorrentam a outras existências. Ele se coloca, portanto, em oposição, como subjetividade simplesmente acabada, com a verdadeira espiritualidade. Se agora, mantendo a consciência desta oposição, ele ainda persiste em agarrar-se à sua própria vontade e a suas ideias, então ele cai não apenas no vazio das concepções e ilusões pessoais, mas ainda nas odiosas paixões perversas e falso caráter, nas ações criminais, no pecado, na maldade, na perversidade, na crueldade, na inveja, na vaidade, no orgulho e em todos os outros vícios da natureza humana em sua inconsistente finitude.

Toda essa fachada de princípio subjetivo deve ser excluída do fundamento das representações materiais da escultura, que se concentra apenas na objetividade do espírito. Por objetividade é preciso entender aqui o substancial, o verdadeiro, o invariável, a natureza essencial do espírito, que se rende ao acidental e ao passageiro, como faz o sujeito, quando vive essa conexão consigo mesmo. No entanto, o espírito, por mais objetivo que seja, pode realmente existir como espírito, sem a *consciência de si mesmo*. Uma vez que o espírito existe apenas como sujeito. Mas o elemento subjetivo ou pessoal, no fundamento espiritual das representações da escultura, é tal que é incapaz de exprimir em si e por si mesmo; manifesta-se como inteiramente penetrado por este elemento geral e substancial do qual temos falado; ele só pode separar-se dele formalmente para recolher-se sobre si mesmo. Assim, o espírito objetivo tem consciência de si mesmo, mas uma consciência e uma vontade que não estão separadas do princípio que é sua base e seu conteúdo; que formam com ele uma unidade indivisível.

O espiritual, nesta independência perfeita e absoluta do elemento substancial e verdadeiro, esta existência do espírito não particularizada, inalterável, é o que chamamos de divino, em oposição à existência finita, que se desenvolve em meio a acidentes e coincidências no mundo da diversidade, da contradição, da mudança e do movimento. A escultura, a este respeito, deve representar o divino em si, na sua calma infinita e em sua sublimidade, intemporal, imóvel, sem personalidade totalmente subjetiva, sem desacordo de ação ou de situação. E mesmo quando ela passa a uma determinação mais precisa, a algo de mais humano na forma e no caráter, ela ainda deve admitir apenas o imutável e o permanente, esta determinação em sua substância, e a escolher para formar o fundamento da representação, não o acidental e o passageiro. Uma vez que a espiritualidade objetiva não desce à particularidade mutável e fugidia, que é característica da subjetividade considerando-se como individualidade única. Em um relato biográfico, por exemplo, onde se narra os vários acidentes e ações de um indivíduo, esta complicação, de eventos diversos, ações e particularidades, termina normalmente com uma descrição do caráter do indivíduo, descrição que resume todos esses detalhes nas qualidades gerais, como *bom, justo, bravo, de espírito elevado,* etc. A natureza permanente do indivíduo é formada por semelhantes qualidades, enquanto o restante é acidente. Ora, este elemento permanente é também o que a escultura deve representar como constituindo a existência, irredutível a qualquer outra, da individualidade. No entanto, ela não faz dessas qualidades gerais simples alegorias; ela cria indivíduos reais, concebe-os e representa-os em sua espiritualidade objetiva, como seres completos e perfeitos em si mesmos, em um repouso absoluto, livres de qualquer influência externa. Para cada personagem da escultura, o substancial é sempre o princípio essencial, e nem o conhecimento ou o sentimento que o sujeito possui de si mesmo, nem as particularidades superficiais e mutáveis podem jamais dominar. O eterno nos deuses e nos homens, despojados do arbitrário e da personalidade acidental, deve ser representado em sua perfeita e inalterável clareza...

A principal diferença entre os deuses e os homens é que, no que diz respeito à sua expressão, eles aparecem concentrados em si mesmos, elevados acima da existência finita, dos cuidados e das paixões da natureza mortal, desfrutando uma calma feliz e uma juventude eterna. Da mesma maneira, as formas do corpo não são apenas purificadas das particularidades finitas da natureza humana, mas também, sem nada perder de sua vitalidade, descartam de si tudo que indica as exigências e necessidades da vida física.

2. A arte clássica recusa expressar o sentimento

Na pintura, pela cor do rosto, a luz e as sombras, a expressão do espírito não somente ganha em natureza e adquire mais exatidão material, mas ganha, sobretudo do lado do caráter fisionômico e patognômico, uma verdade de vitalidade superior. Também, poder-se-ia crer, num primeiro momento, que falta algo à escultura, e que ela ficaria melhor se acrescentasse à sua prerrogativa de reproduzir as três dimensões, as vantagens da pintura. Não é, na verdade, senão arbitrariamente que ela abandona a cor à pintura? Não é uma pobreza, uma dificuldade de execução limitar-se a um único aspecto da realidade, a forma material e assim distrair-se? É assim que as silhuetas e a gravura são apenas um simples meio subsidiário, comandado pela necessidade. Ora, a arte verdadeira exclui tal arbitrariedade. – A forma que representa a escultura não é, de fato, senão um lado abstrato do corpo humano, real e vivo. Ela não oferece nenhuma diversidade de cores e de movimentos. Mas isso não é uma imperfeição acidental; é a limitação que a arte impõe a si mesma em virtude de sua essência no emprego de seus materiais e em seu modo de representação. A arte é um produto do espírito, e do espírito levado a um grau superior de seu desenvolvimento. Por isso, suas obras devem ter por objetivo um fundamento determinando e um modo de representação artístico, distinto de todos os outros. Esse objetivo pertence à arte como os diversos saberes, a geometria ocupa-se do espaço; a jurisprudência do direito; a filosofia do desenvolvimento da ideia eterna e sua realização no mundo físico e moral. Elas desenvolvem diversamente esses vários objetos, sem que nenhum deles represente completamente o que se chama realidade concreta, no sentido que se atribui, em geral, a este termo.

A arte, como toda a criação do espírito, avança gradualmente. O que está separado no conceito e na natureza da coisa, embora não na existência, ela o separa igualmente. Ela mantém, por conseguinte, estes degraus bem distintos para desenvolvê-los de acordo com suas características particulares. Assim, nos materiais extensos sobre os quais se exercem as artes plásticas, deve-se distinguir pelo pensamento e separar um do outro, o corpo, propriamente dito, com a totalidade de suas dimensões e sua forma abstrata, a *figura* corporal em si mesma, mais particularizada que outras, mais vivaz a respeito da diversidade de cores. A escultura atém-se ao primeiro grau, à forma humana propriamente dita, que ela modela como um corpo estereométrico, segundo sua simples configuração determinada pelas dimensões do espaço...

Por isso, conservamos, por um lado, a *objetividade*, que por si mesma não é a forma própria do espírito, mas opõe-se a ele enquanto natureza inorgânica. Este elemento, a arquitetura transforma em um símbolo simplesmente indicativo que não tem em si mesmo seu sentido espiritual. O extremo oposto da objetividade como tal é a *subjetividade*, a alma na particularização perfeita de todas as suas tendências e disposições, suas paixões e movimentos interiores e exteriores, suas ações, etc.

Entre estes dois extremos, encontramos a individualidade espiritual, determinada, de fato, mas ainda não mergulhada nas profundezas do sentimento. Aqui, no lugar da particularidade subjetiva, domina ainda a generalidade substancial do espírito, seus fins e seus aspectos característicos. Nesta generalidade, a alma ainda não está recolhida sobre si mesma como unidade puramente espiritual. Porque, neste ponto intermediário, ela participa ainda do objetivo da natureza inorgânica; ela implica a existência corporal, o corpo como apropriado pelo espírito e manifestando-o. É sob essa forma exterior mais oposta ao elemento interior que deve ser representada a individualidade espiritual, não ainda como viva, quer dizer, recolhendo-se ao centro da individualidade espiritual, mas como forma exterior e visível. O espírito funde-se com ela, mas sem parecer desprender-se desta exterioridade e para recolher-se sobre si mesmo como espírito.

Aqui são especificados os dois pontos já indicados acima. A escultura, no lugar de servir, por seu modo de expressão, de representações simbólicas que fazem alusão ao espírito, emprega a forma humana que representa a existência real do espírito. Mas, como representação da subjetividade vazia de paixão e de sentimento determinado, pode tanto mais contentar-se com o exterior da forma humana em si, na qual a subjetividade é como despejada sobre todos os pontos. Esta é também razão pela qual a escultura não representa o espírito na ação, em uma sucessão de movimentos que possuem um objetivo determinado, nem engajado nas iniciativas e ações que manifestam um caráter. Ela o apresenta, de alguma maneira, permanecendo objetivo e, portanto, de preferência numa atitude tranquila, ou quando o movimento e a disposição não indicam senão um primeiro começo da ação. Mas ela não representa a subjetividade envolvida em todos os conflitos, as lutas interiores ou exteriores, ou desenvolve-se em uma multiplicidade de ações exteriores. Também, por isso mesmo, a escultura oferece a nossos olhos o espírito absorvido na forma corporal destinada a manifestar-lhe por seu conjunto, falta-lhe o ponto essencial em que se concentra a expressão da alma enquanto alma, o vislumbre do olhar, assim que a levamos a ver com mais desenvolvimento o que vem a seguir. Por outro lado, como a escultura não tem por objeto a individualidade que se particulariza, que se desdobra numa multiplicidade de ações, não tem mais necessidade, por seu modo de representação, como a pintura, da magia das cores que, pelo refinamento e variedade de suas nuances, são próprias para exprimir toda a riqueza dos traços particulares do caráter e a manifestar a interioridade espiritual inteiramente com todos os sentimentos que a agitam. Muito menos é-lhe necessário manifestar pelo olhar o que se passa em suas íntimas profundezas.

3. A ARTE CLÁSSICA NÃO PODE SATISFAZER INTEIRAMENTE A ALMA

NA DOUTRINA cristã, Deus não é somente um indivíduo que tem forma humana, é um indivíduo real, de uma vez verdadeiramente Deus e verdadeiramente homem. Ele surge com todas as condições da existência real, e não como simples ideal da beleza na arte, manifestado sob a forma humana. Se se representa o absoluto como um ser abstrato que não sofre nenhuma dualidade, então, sem dúvida, toda representação sensível deve desaparecer. Mas, para que Deus seja representado como espírito, é preciso que se manifeste sob a forma humana, não como ideal de humanidade, mas como homem real, que se reveste realmente de todos os caracteres temporais e exteriores da existência imediata e terrena. A concepção cristã contém, de fato, a evolução infinita que consiste em alcançar o termo extremo da oposição e, pela ultrapassagem e destruição desta oposição, trazer em si a unidade absoluta. O momento da separação é aquele em que Deus faz-se homem, porque individualizando-se e encarnando opõe-se à unidade da substância absoluta. No interior das condições naturais do tempo e do espaço, ele percorre todas as fases da vida, do sentimento, do sofrimento, da luta e da morte, para chegar por esse caminho à conciliação infinita. Este movimento, segundo a crença cristã, tem seu princípio na natureza do próprio Deus. Na verdade, Deus deve ser concebido como um espírito livre e absoluto pelo qual o momento da existência natural e sensível, sem dúvida, existe, mas deve desaparecer. Na arte clássica, pelo contrário, a natureza sensível não morre, mas também não ressuscita para a espiritualidade absoluta. A arte clássica e a religião do belo não satisfazem totalmente a alma humana. Por mais concretas que sejam, permanecem para ela ainda abstratas, pois no lugar de apresentar-lhe a subjetividade infinita com esta oposição e a conciliação que a segue, eles têm por base a harmonia inalterável, no seio da individualidade livre que resta de acordo consigo mesma. Eles conservam esta calma na existência atual, esta felicidade, esta satisfação íntima e esta grandeza tiradas de si mesma, a serenidade e a felicidade eternas que, mesmo na infelicidade e sofrimento, não perdem o privilégio da liberdade e da independência. A arte clássica não chegou até esta oposição que é a essência do absoluto. Ela não pode nem expor as profundezas, nem restabelecer a harmonia. Mas, por isso, ela não conhece senão esta outra face do mundo moral que a acusa necessariamente, a revolta do homem e de sua vontade contra a ordem e o bem absolutos, o mal e o pecado, assim como esta faculdade de retrair-se, de concentrar-se em si mesma, o remorso e dilaceramento da alma, o abandono e a melancolia, em geral, tudo que se relaciona com este princípio da divisão que engendra tanto o feio, o repugnante e o detestável, no que diz respeito ao aspecto físico e moral. A arte clássica não ultrapassa o simples domínio do verdadeiramente ideal.

IV. A ARTE CLÁSSICA É A ARTE GREGA

1. A ESTÁTUA EGÍPCIA AINDA NÃO EXPRIME O ESPÍRITO

As OBRAS egípcias mostram um ar severo de vida, um mistério impenetrável; de maneira que a personagem representada deve deixar ver, não sua própria individualidade íntima, mas outra significação ainda estranha a ela. Limitando-me a um exemplo, uma figura que me vem à mente com frequência é a de Ísis tendo Hórus sob seus pés. Temos aqui, exteriormente falando, o mesmo tema que na arte cristã, Maria e seu filho; mas, numa posição simétrica, rígida e imóvel da estátua egípcia, como alguém disse há algum tempo: "Não se vê nenhuma mãe, nenhum filho. Nem um traço de amor, nada que indique um sorriso, um beijo; numa palavra, nem a mínima expressão de qualquer espécie. Esta mãe de Deus, que amamenta sua criança divina, é calma, imóvel, insensível, ou melhor, não há nem divindade, nem mãe, nem criança; é unicamente o signo sensível de uma ideia que não é capaz de nenhuma afeição, de nenhuma paixão; não é verdadeira representação de uma ação real, muito menos a expressão verdadeira de um sentimento natural".[4]

É isso, precisamente, o que faz a separação entre ideia e existência, e a incapacidade de fusão do modo de representação dos egípcios. Seu sentido espiritual ainda é pouco vivo para ter necessidade da precisão de uma representação, às vezes verdadeira e viva, e conduz a uma tão perfeita determinação que o espectador não prova nenhuma necessidade de acrescentar algo, mas se limita a sentir e a contemplar, porque o artista nada extraiu de seu pensamento. Para não se contentar com o vazio de uma indicação superficial na arte, é preciso que, no homem, uma consciência mais elevada de sua própria individualidade que a que tinham os egípcios seja revelada, para que se exija das obras de arte inteligência, razão, movimento, expressão, sentimento e beleza.

2. A ARTE GREGA

a) A liberdade da arte clássica

A escultura verdadeiramente *ideal*, para atingir o ápice da arte clássica, devia, antes de qualquer coisa, libertar-se do simples tipo primitivo e do respeito pela forma tradicional, abrindo assim o caminho para a liberdade artística. Esta liberdade só é obtida quando o artista sabe fundir completamente a significação geral na forma individual, e, ao mesmo tempo, elevar as formas físicas à altura da verdadeira expressão do sentido espiritual. Por isso, vemos a arte abandonar, de uma vez, essa rigidez e essa coação que a aprisionam em seu início, assim que este padrão de medida faz a ideia ultrapassar a forma individual destinada a exprimi-la. Ela adquire esta vitalidade pela qual as formas do corpo perdem a uniformidade abstrata de um tipo emprestado, que passa da exatidão natural à ilusão. Ela atinge a individualidade clássica, que, pelo contrário, ao mesmo tempo em que anima e indi-

---

[4] (*Cours d'archéologie*, Raoul Rochette, 1ª-12ª lições. Paris, 1828).

vidualiza a forma geral, faz do real e do sensível a expressão perfeita do espírito. Esta espécie de vitalidade não reside somente na forma, mas na atitude, no movimento, no vestuário, no agrupamento, em geral, em todas as partes que analisei em detalhes há pouco.

b) A escultura grega como arte religiosa

A invenção desta individualidade plástica, cuja expressão é perfeita e unicamente produzida pela forma, sem a garantia da cor, só pode nascer com esta perfeição inigualável entre os gregos, e ela teve seu princípio na própria religião. Uma religião espiritualista pode contentar-se com a contemplação interior e a meditação. As obras da escultura teriam então sido vistas apenas como um luxo e uma superfluidade; ao passo que uma religião que se dirige aos sentidos, como a religião grega, deve produzir, sem cessar, novas imagens, porque, para ela, essa criação e esta invenção artísticas são um verdadeiro culto, um meio pelo qual se satisfaz o sentimento religioso. E, para o povo, a visão de tais obras não era um simples espetáculo, ela fazia parte da própria religião e da vida. Em geral, os gregos faziam tudo pela vida pública, na qual cada um encontrava sua satisfação, seu orgulho e sua glória. A arte grega, também, não era um simples ornamento, mas uma necessidade viva e imperiosa; assim como a pintura, para os venezianos, na época de seu esplendor. É somente por isso que nós podemos explicar, apesar das dificuldades da estatuária, esta incrível quantidade de esculturas, esta infinidade de estátuas de toda espécie, que se encontram aos milhares em uma única cidade, em Élis, em Atenas, em Corinto e até mesmo em cada pequena localidade.

3. A estátua romana não exprime mais o espírito

Na arte romana já vemos o início da dissolução da escultura clássica. Aqui, de fato, o ideal, propriamente dito, não é mais a base da concepção e da execução como um todo. A poesia da inspiração espiritual, o sopro interior e a nobreza de uma representação perfeita em si, esses traços característicos da escultura grega, desaparecem e dão lugar, cada vez mais, à predileção por um gênero mais próximo do retrato.

{ III }

A Pintura, Arte Romântica

I. A PINTURA COMO ULTRAPASSAGEM DA EXPRESSÃO

1. A arte romântica

Na origem da arte, a tendência da imaginação consistia em fazer esforço para elevar-se acima da natureza e atingir à espiritualidade. Mas esse esforço não passou de uma primeira tentativa impotente. O espírito, só podendo fornecer à arte o que deve fazer o verdadeiro fundamento de suas criações, ele estava condenado a dotar somente de uma forma exterior as potências naturais, ou a representar as abstrações morais desprovidas de personalidade. Este era o caráter fundamental da arte em seu primeiro momento.

A segunda época, a da arte clássica, oferece um aspecto totalmente oposto. Aqui, embora o espírito seja obrigado a lutar ainda contra os elementos que pertencem à natureza para destrui-los e libertar-se de seus elos e desenvolver-se livremente, é ele que constitui o fundamento da representação; a forma exterior corporal e sensível é somente emprestada da natureza. Esta forma, em outras partes, não permanece, como na primeira época, superficial, indeterminada e impenetrável ao espírito. A arte, pelo contrário, atinge precisamente ao seu mais alto ponto de perfeição, quando realiza este feliz acordo entre a forma e a ideia, quando o espírito penetra inteiramente sua manifestação sensível, idealiza a natureza e faz uma imagem fiel de si mesma. É assim que a arte clássica foi a representação perfeita do ideal, o reino da beleza. Nada mais belo foi visto nem o será.

Portanto, existe alguma coisa de mais elevado que a *bela* manifestação do espírito sob a forma sensível moldada pelo espírito em si e sua perfeita imagem. Porque esta união que se realiza no domínio da realidade sensível em si dando uma existência adequada ao espírito, contradiz, por isso mesmo, o verdadeiro conceito do espírito. Este deve, portanto, abandonar este acordo com o mundo sensível, para retrair-se em si mesmo e encontrar sua verdadeira harmonia no seio de sua natureza íntima. Essa bela unidade do ideal, também, parte-se e deixa seus dois elementos (o subjetivo em si e a aparência exterior) separar-se, a fim de que o espírito possa atingir, por essa separação, a uma reconciliação mais profunda e mais apropriado com sua natureza. O espírito tem por essência a conformidade de si mesmo consigo mesmo, a unidade de sua ideia e de sua realização. Não pode, portanto, encontrar a realidade que lhe corresponde senão em seu mundo próprio, no mundo espiritual do sentimento e da alma, em uma palavra, na interioridade. Por essa via ele chega à consciência de ter em si *seu objeto,* sua existência como espírito, a desfrutar, dessa maneira, sua natureza infinita e sua liberdade.

Esse desenvolvimento do espírito, que, dessa forma, eleva-se a si mesmo, que encontra em si o que procurava anteriormente no mundo sensível, em uma palavra, que se sente e sabe-se nesta harmonia íntima consigo mesmo, constitui o princípio fundamental da arte romântica.

2. O SENTIMENTO COMO CONTEÚDO ESSENCIAL DA PINTURA

A PINTURA agarra-se ao *sentimento* como tema de suas representações. Aquilo que vive no fundo da alma oferece, na verdade, um caráter subjetivo, mesmo quando o sentimento relaciona-se com o objetivo e com o absoluto. Os sentimentos do coração humano podem abrigar, na verdade, o universal; mas, como sentimentos, eles não conservam esse caráter de universalidade; eles aparecem sob a forma do *eu* que, como sujeito determinado, concebe-se e sente-se afetado de uma ou outra maneira. Para fazer aparecer um conteúdo objetivo com seu caráter de objetividade, é preciso que eu me esqueça de mim mesmo. Assim, sem dúvida, a pintura representa o interior sob a forma dos objetos exteriores; mas seu fundamento próprio é a subjetividade sensível. Sob o ponto de vista da forma, também, ela não pode oferecer, do divino, por exemplo, imagens tão determinadas como a escultura, mas somente representações indeterminadas que caem no domínio do sentimento. Ela parece, na verdade, contradizer por esse fato que vemos o conjunto de objetos exteriores que cercam o homem: as montanhas, os vales, as pradarias, os riachos, as árvores, os arbustos, o mar e os lagos, o céu e as nuvens, os edifícios, os apartamentos, etc., muitas e muitas vezes, de preferência, escolhidos pelos pintores mais célebres como tema de seus quadros. No entanto, o que se toma aqui como o núcleo da representação não são os temas em si mesmos, mas a vitalidade e a animação da concepção e da execução pessoal, é a alma do artista que se reflete em sua obra e que oferece, não uma simples reprodução dos objetos exteriores, mas ele mesmo e seu pensamento mais íntimo. É, precisamente, por isso que os objetos, na pintura, mostram-se, a esse respeito, mais indiferentes, porque neles o sentimento começa a surgir como a coisa principal. Por essa tendência à expressão do sentimento, que muitas vezes, nos objetos exteriores, não pode ser senão um eco geral das impressões da alma, a pintura distingue-se da escultura e da arquitetura, enquanto se aproxima da música e marca a transição das artes plásticas para as artes que servem os sons.

3. O espírito se liberta da matéria

a) **A superfície.**

A pintura restringe a totalidade das três dimensões do espaço. A concentração perfeita consistiria no *ponto*, no qual desaparece a extensão, e, sobretudo, no ponto móvel, o instante fugidio que arrebata a duração. Mas é a música que, sozinha, chega a esta negação completa da extensão, e consome essa transformação progressiva. A pintura, pelo contrário, deixa ainda subsistir a extensão; ela aniquila somente *uma* das três dimensões; de maneira que toma como elemento de suas representações, a *superfície*. Esta redução do sólido à superfície é uma consequência do princípio da concentração da alma em si mesma; esta não pode manifestar-se no mundo exterior com esse caráter de concentração interior, à medida que a arte não conserva a extensão total da matéria e restringe suas dimensões.

Em geral, somos levados a crer que, na pintura, esta redução é arbitrária, e que, portanto, é um defeito desta. Não quer esta arte, na verdade, colocar sob nossos olhos os objetos da natureza em sua realidade perfeita, ou tornar perceptíveis as concepções do espírito e os sentimentos da alma por intermédio do corpo humano e de seus gestos? Ora, para esse objetivo, a superfície é insuficiente, ela fica aquém da natureza, que opera com uma perfeição totalmente diferente.

Sem dúvida, a pintura, a respeito da extensão material, é ainda mais abstrata que a escultura; mas esta abstração, longe de ser uma limitação simplesmente arbitrária, ou uma imperfeição dos meios humanos frente à natureza e suas produções, constitui precisamente o progresso necessário que a faz ultrapassar a escultura. Já esta não oferece uma simples cópia da existência corporal, mas uma imagem produzida pelo espírito. Ela também descarta da forma todos os aspectos que, na realidade comum, não respondem ao fundamento definido que trata de representar. A particularidade cuja escultura faz abstração é a cor; de maneira que não permanece senão a abstração da forma visível. Na pintura, o que nos é oferecido é o contrário. Porque o que faz o fundamento de suas representações é a interioridade espiritual, que se manifesta nas formas do mundo exterior na medida em que parece destacar-se para recolher-se sobre si mesma. Assim, a pintura trabalha, na verdade, também para os olhos, mas, todavia, de tal maneira que os objetos que ela representa não permanecem objetos naturais, extensos, reais e completos; eles se tornam um reflexo do espírito, onde este revela apenas sua espiritualidade destruindo a existência real, transformando-a em uma simples aparência que pertence ao domínio do espírito, e que se dirige ao espírito.

Desde então, a pintura deve romper a extensão total, e, se ela renuncia a esta totalidade, não é somente em razão dos limites da natureza humana. Porque o objeto da pintura, do ponto de vista espacial, não é uma aparência moldada pela arte, onde se manifesta o espírito, e que se dirige a ele, ser real, extenso, privado de sua independência, e entra numa relação muito mais estreita com o espectador que a obra escultural. A estátua conserva a maior parte de sua independência; ela se preocupa pouco, ocupa-se pouco do espectador, que pode colocar-se como quiser, para vê-la. Seu ponto de vista, seus movimentos, os passos que dá ao seu redor, tudo isso é para a obra de arte algo de indiferente. Sem dúvida, para conservar essa independência, é preciso também que a imagem de escultura ofereça alguma coisa ao espectador, de qualquer lado que seja considerada. Mas se essa independência deve manter-se na escultura, é porque o fundamento da representação é a existência que repousa exterior e interiormente sobre si mesma: a existência contida em si, e objetiva. Na pintura, pelo contrário, cuja essência consiste em manifestar a subjetividade e principalmente o sentimento determinado, se este duplo ponto de vista (do objeto e do espectador) na obra de arte deve também aparecer, ele deve aniquilar-se imediatamente, por isso mesmo que, representando, sobretudo, o subjetivo, o quadro sempre retorna ao seu destino essencial de ser apenas para o sujeito, para o espectador e não para si mesmo. O espectador está, de alguma maneira, associado desde a origem à concepção, e a obra de arte está subordinada a esse ponto de vista fixo do sujeito. Ora, para esta destinação, toda *contemplativa*, a simples aparência da realidade basta. A extensão total ou real não perturba o espetáculo, porque os objetos contemplados conservam em si mesmos uma existência real, não aparecendo como figurados artificialmente pelo espírito, com o objetivo de oferecer-lhe um espetáculo. A natureza não pode reduzir suas criações a uma superfície plana; porque seus objetos têm, e devem ter, uma existência real, independente. Na pintura, pelo contrário, o prazer não reside na visão do ser real, mas no interesse puramente contemplativo que prende a inteligência à manifestação do espírito das formas exteriores que lhe refletem. Por isso, desaparece toda necessidade de uma realidade e de uma organização espaciais e totais.

b) **A luz.**

A *luz* é o *elemento físico* do qual a pintura faz uso e que torna visível os objetos do mundo exterior em geral.

Até aqui, o elemento físico, sensível, concreto, na arte, era a matéria em si, a matéria resistente, pesada, que, em particular, na arquitetura, manifestava precisamente esse caráter por sua pressão, por seu peso, como suportando e sendo suportada. Ela conserva ainda esta destinação na escultura. O peso, na matéria pesada, explica-se por não ter seu ponto de unidade, seu centro material em si mesmo, mas em outro, a matéria o busca e tende para ele, e, pela resistência dos outros corpos, que assim a apoiam, permanece em seu lugar. O princípio da luz é o oposto da matéria pesada que ainda não encontrou sua unidade. Por sinal, qualquer opinião que se tenha sobre a luz, não se é possível negar que ela seja absolutamente leve e não resistente, puramente idêntica e relativa a si mesma...

Ela tem a propriedade de tornar visíveis os objetos. Mas nisso se resume sua manifestação na natureza. O fundamento particular do que ela manifesta está fora dela mesma, como algo que não é a luz, que é seu oposto, e, consequentemente, *obscuro*. Ora, estes objetos, em suas diferenças de formas, de distância, a luz fá-los distinguir por isso mesmo clareando mais ou menos sua obscuridade e sua invisibilidade, e certas partes tornam-se mais visíveis, quer dizer, mais próximas do espectador, enquanto deixa outras retraírem-se como mais obscuras, quer dizer, como mais distantes do espectador. Porque o claro e o escuro em si mesmos, enquanto não levam em consideração a cor determinada dos objetos, servem, em geral, para marcar seu distanciamento em relação a nós, de acordo com a maneira pela qual são iluminados. Por essa relação com os objetos, a luz já não oferece simplesmente a luz em si, mas o *claro* e o *escuro* com um caráter particular, a luz e as sombras, cujos diversos aspectos fazem com que o espectador reconheça a forma dos objetos e sua distância relativa. A pintura serve-se deste meio por que é naturalmente de sua essência particularizar. Se nós a compararmos, a esse respeito, com a arquitetura e a escultura, estas artes fazem efetivamente surgir as diferenças reais da forma e suas proporções; elas deixam agir a luz e as sombras, da maneira pela qual a luz física as ilumina, assim como pela posição do espectador. De maneira que a curvatura das formas, já dada aqui por si mesma, e a luz e as sombras que lhes tornam visíveis nada mais fazem que unir o que estava em si, independentemente dessa maneira de ser iluminada. Na pintura, pelo contrário, o claro e o escuro, com todas as suas gradações e suas transições mais delicadas, fazem parte integrante dos materiais da arte em si, e não oferecem senão uma *aparência intencional* do que a arquitetura e a escultura modelam em si como *real*. A luz e as sombras, o reconhecimento dos objetos pela maneira como são iluminados, são produzidos pela arte e não pela luz natural, que, por conseguinte, limita-se a tornar visível este claro e este escuro e a distribuição da luz, já produzida pela pintura. Esta é a razão positiva, extraída da própria natureza do elemento físico próprio da pintura, pela qual esta não tem necessidade de três dimensões. A forma é produzida pela luz e pelas sombras; em si, como forma real, ela é supérflua.

c) **Os materiais: cor e desenho.**

É a cor, a *coloris* que faz, propriamente falando, o pintor. Nós nos detemos, de fato, voluntariamente diante dos desenhos, e principalmente diante dos esboços, como representando o golpe espontâneo do artista. Mas seja qual for aqui a riqueza de invenção e imaginação, seja qual for o espírito interior que perpassa imediatamente através do invólucro de algum tipo transparente e fácil da forma. A pintura, no entanto, deve *retratar*, se não quiser permanecer na abstração das qualidades sensíveis, se quiser representar a individualidade viva dos objetos e os particularizar. Não é possível, contudo, recusar um valor muito alto aos desenhos, e principalmente aos desenhos dos grandes mestres como, por exemplo, Rafael e Albrecht Dürer. Ademais, os esboços têm precisamente, a esse respeito, o mais alto valor, porque eles conduzem ao milagre da execução; vê-se neles o espírito passar inteiramente pela mão que, com a maior facilidade, sem tremer, por uma criação instantânea, reproduz tudo que está no espírito do artista. Os desenhos de Dürer, por exemplo, no livro dos sacerdotes que está na biblioteca de Munique, são de uma espiritualidade e de uma liberdade indescritíveis. A concepção e execução parecem aqui uma só coisa; enquanto, nos quadros, podemos descartar essa ideia de que a perfeição só foi atingida depois de muitos retoques, depois de muitos melhoramentos sucessivos.

Não é menos verdade que somente pelo emprego das cores é que a pintura atinge, na expressão da alma, ao grau em que ela parece verdadeiramente viva. No entanto, todas as escolas de pintura não elevam a arte da *coloris* ao mesmo nível. É mesmo um fato notável, que os venezianos e os holandeses foram, quase, os únicos mestres peritos na cor. Ora, eles têm em comum, que estão igualmente perto do mar, igualmente numa região baixa, cortada por lama e canais. Para os holandeses, pode explicar-se esta virtuosidade dizendo que em um horizonte sempre enevoado foram, tendo sob seus olhos a representação continua de um fundo cinza, mais estimulados a estudar tudo o que se relaciona com as cores, os diversos efeitos da luz, seus reflexos e suas aparências as mais variadas, isso os fez sair e encontrar ali precisamente um dos principais problemas de sua arte.

d) Os materiais: as cores a óleo.

A cor a óleo permite a fusão mais delicada e mais agradável, um método pelo qual as transições são tão imperceptíveis que não se pode dizer onde uma cor começa e onde outra acaba. Além disso, por uma textura muito perfeita e uma mais justa aplicação das cores, ela obtém a luminosidade das pedras preciosas, e pode, pela nuance de suas cores de fundo e esmaltes, produzir, em um grau mais elevado que a pintura à têmpera, a transparência de diversos tons.

A magia das cores consiste em tratar todas elas de tal maneira que produzam pelo óleo um jogo de ilusão formada pela superfície mais externa e flutuante das cores, uma penetração recíproca das cores, das aparências de reflexos que se reproduzem em outras aparências, e isto de uma maneira tão insaciável, tão fugidia, tão animada, que a pintura começa a passar ao domínio da música. Aqui coloca-se, na expressão do modelo, a perfeição do claro-escuro. Nisso excederam os italianos Leonardo da Vinci e, sobretudo, Corregio. Eles chegaram às sombras mais profundas, mas elas mesmas permanecem transparentes e elevam-se por gradações à luz mais radiante. Por isso, produz-se pelo óleo à mais alta perfeição no modelo das formas. Em nenhuma parte contornos brutalmente separados, em toda parte agradáveis transições. A luz e as trevas não atuam imediata e simplesmente como luz e trevas, elas aparecem uma sobre a outra, como uma força que se exerce de dentro por meio de uma forma externa.

II. A PINTURA COMO EXPRESSÃO DO SENTIMENTO

A. A PINTURA, ARTE CRISTÃ

O amor e a santidade

O verdadeiro domínio da pintura é que ela é capaz sozinha de representar-se pela forma visível, em oposição à escultura, à música e à poesia. Ora, ela é a concentração do espírito em si mesma, e ele é recusado a exprimir-se pela escultura, enquanto a música, por sua vez, não pode alcançar a manifestação exterior da interioridade, e que a poesia, em si mesma, não dá senão uma imagem imperfeita da forma corporal. A pintura, pelo contrário, tem a capacidade de reunir os dois. Ela pode exprimir no exterior a plena interioridade. Ela deve, portanto, encarregar-se, como de seu domínio essencial, dos temas que, pela profundidade e riqueza de sentimento, juntam a originalidade muito marcante do caráter e oferecem-se sob os traços nitidamente desenhados; deve também representar a interioridade em geral e a interioridade em sua particularidade, quer dizer, de tal modo que, para exprimir, precisa de eventos, de relatos, de situações determinadas. E ainda é necessário que estes não apareçam simplesmente como explicação do caráter individual, mas que a originalidade e a particularidade mostrem-se profundamente gravadas e implantadas na alma e na fisionomia próprias, que elas penetrem a forma exterior inteiramente.

Ora, para a expressão da interioridade, a independência ideal e a espécie de magnificência que caracterizam o clássico não são necessárias. No ideal clássico, a individualidade permanece em um acordo imediato com a ideia que forma o fundamento e a base de sua existência espiritual e ao mesmo tempo com a forma sensível ou corporal que a manifesta. Do mesmo modo, para a representação do sentimento, a serenidade natural às concepções gregas, a alegria de viver, a felicidade absorvida em si, não bastam. É necessário à verdade profunda e à interioridade do espírito que a alma tenha aprofundado seus sentimentos, suas faculdades, toda sua vida interior, que tenha superado muitos obstáculos, muito lutado e muito sofrido, conhecido as angústias do coração e as torturas morais, tudo isso mantendo sua integridade e permanecendo fiel a si mesma. Os antigos nos representam, na verdade, também, no mito de Hércules, um herói que, depois de muitas provas difíceis, foi colocado entre os deuses, e ali desfruta o repouso e a felicidade. Mas os trabalhos de Hércules não passam de trabalhos físicos. A felicidade que ele recebe como recompensa é apenas um repouso tranquilo, e a antiga profecia que anuncia que por ele deve acabar o reino de Zeus, ele, o herói por excelência, não realizou. O reino desses deuses independentes só termina quando o homem, no lugar dos dragões, ou da hidra de Lerna, doma os dragões e as serpentes de seu próprio coração, a dureza feroz de sua subjetividade. É somente por aí que a sereni-dade natural passa a uma serenidade mais elevada, a do espírito, que sucede à luta e aos dilaceramentos interiores, e atinge, por este trabalho, a uma paz infinita. Em uma palavra, é preciso que o sen-timento da serenidade e da alegria seja transfigurado e sublimado à santidade. Por que a alegria e a felicidade resultam ainda de um acordo natural e acidental do sujeito com os objetos e as situações exteriores. Na santidade, pelo contrário, os prazeres relativos à existência exterior são rejeitados; a alegria reside inteiramente no gozo interior do espírito. A santidade é uma alegria conquistada, e que se justifica por si só. É a serenidade da vitória, o sentimento da alma que aniquilou em si o sensível, o finito, e por isso está livre dos cuidados que não cessam de espioná-la. A Alma santa é a que, na verdade, entrou em uma vida de combates e sofrimentos, mas saiu triunfante.

Se nos perguntarmos agora qual pode ser verdadeiro o *ideal* nesta ordem de temas, este será a reconciliação da alma com Deus, que, em sua manifestação humana, por si mesma, percorreu o caminho do sofrimento. A verdadeira profundeza do sentimento só existe na religião, na paz interior da alma que desfruta de si, mas está verdadeiramente satisfeita na medida em que é recolhida em si mesma, partiu seu coração terreno, elevou-se acima da existência simplesmente natural e finita, e, nesta elevação, conquistou a interio-ridade universal, a paz profunda e a harmonia em Deus e com Deus. A alma deseja a si mesma, mas ela se deseja em outro tal como ela é em sua existência particular. Ela entrega-se, por conseguinte, na presença de Deus, mas para reencontrar-se e desfrutar de si mesma nele. Este é o caráter do *amor*. A interioridade, em sua verdade, é o amor sem desejos, o amor religioso que procura conciliação, paz e alegria para o espírito. Não é o prazer e a alegria do amor que se dirige a um objeto real e vivo; é um amor sem paixão, digo, sem inclinação; é somente uma inclinação geral da alma, um amor que é um tipo de morte à natureza. Toda relação real, todo elo terreno, toda relação do homem com o homem desaparecem como algo de passageiro e de imperfeito, que traz em si a falta inerente à existência temporal e finita, levando assim a alma a elevar-se em outra região onde ela deve encontrar esta consciência sem desejo, sem aspiração, e desfrutar os prazeres do verdadeiro amor.

Esse traço constitui o ideal pleno da alma, da profundeza íntima e da elevação que, agora, aparecem no lugar da magnificência silenciosa e da independência do ideal antigo. Aos deuses do ideal clássico não faltam, na verdade, certo ar de tristeza, de fatalismo, que faz parecer nessas figuras serenas um reflexo de uma fria necessidade. Estas, ao mesmo tempo, em sua divindade independente e sua orgulhosa liberdade, permanecem certas de sua grandeza simples e de sua potência. Mas uma liberdade assim não é uma liberdade de amor. Esta é cheia de alma e de sensibilidade, pois reside na relação da alma com a alma, do espírito com o espírito. Este sentimento íntimo e profundo lança no fundo do coração o raio da felicidade. É um amor que, no sofrimento e na mais alta privação, não se sente sozinho, de alguma maneira, consolado ou indiferente; quanto mais o homem sofre profundamente, mais profundamente também encontra e mostra, no sofrimento, o sentimento e a segurança do amor, a certeza de um triunfo absoluto. Nas figuras e ideais dos antigos, pelo contrário, vemos ainda, independentemente desse traço de silenciosa tristeza da qual temos falado, a expressão da dor em naturezas nobres, como em Niobe, por exemplo, e no Laocoonte. Eles não se entregam aos gritos ou ao desespero; conservam-se grandes e magnânimos. Mas esta situação de sua dignidade não tem algo de vazio em si. Depois da dor do sofrimento não há nada, e no lugar da conciliação, do apaziguamento, deve aparecer uma fria resignação, na qual o indivíduo, sem recolher-se a si mesmo, abandona aquilo que deveria conservar. Ele não se dá ao luxo de destruir o que é vil; não traz em si nenhum furor, nenhum desprezo, nenhum desgosto.

Mas o orgulho da individualidade é de apenas uma imobilidade abrupta. Ele suporta, dessa maneira, impassivelmente o destino. É um estado no qual a dor e a nobreza da alma não aparecem como conciliadas. A expressão da felicidade e da liberdade não existe, pela primeira vez, senão no amor religioso romântico.

Maria e Niobe

O centro ideal, o que forma o fundamento principal do domínio religioso, assim como já expusemos ao tratarmos da arte romântica, é o amor satisfeito, em harmonia perfeita consigo mesmo. E seu objeto, na pintura, não deve simplesmente residir em um mundo invisível, pois ela é chamada a representar o princípio espiritual, real e presente sob a forma humana... A forma mais elevada, o verdadeiro tipo desse amor, é o *amor maternal de Maria* pelo Cristo, o amor de *uma* mãe, aquela que engendrou e carregou em seus braços o Salvador do mundo.

O amor que tem Deus por objeto, e em particular o Cristo, que está assentado à direita de Deus, é de uma natureza totalmente espiritual. Seu objeto é visível apenas aos olhos da alma. Ali, não se trata desta bissecção de si mesmo que caracteriza o amor, nem de um elo natural que une aquele que ama e o objeto amado. Qualquer outro amor, pelo contrário, é mais ou menos acidental. A inclinação não poderia nascer. Então, aqueles que amam: os irmãos e as irmãs, os pais e os filhos, têm, fora dessas relações, outros fins, ou três deveres que os solicitam. O pai, os irmãos, devem consagrar-se ao mundo, ao estado, à indústria, à guerra, numa palavra, aos interesses gerais. A irmã torna-se esposa e mãe, etc. A situação é diferente do amor maternal. Aqui, o amor para com o filho não tem nada de acidental; não é um simples momento, é a mais alta destinação terrena da mulher. Seu caráter natural e sua mais santa vocação confundem-se aqui. Além disso, se, no amor maternal, entre as outras mães, a mãe vê em seu filho seu esposo e sua união íntima com ele, este lado desaparece também no amor de Maria por seu filho.

... Toda sua alma, toda sua existência, é o amor humano pelo filho que ela chama de *seu* filho. É, ao mesmo tempo, o santo respeito, a adoração, o amor por Deus, com o qual ela sente ser apenas um. Ela é humilde diante de Deus, e, portanto, tem o sentimento infinito de ser a única que foi bendita entre todas as mulheres. Para ela mesma, ela nada é, mas em seu filho, em Deus, ela é perfeita; em si, pobre em um estábulo, ou a rainha do céu, ela está satisfeita e feliz, sem paixão ou desejo, sem outra necessidade, sem outro objetivo senão ter e conservar o que possui.

* * *

MAS ESTA paz é seguida de dores mais profundas. Maria vê o Cristo carregar sua cruz; ela o vê sofrer e morrer sobre a cruz, descer e ser colocado no túmulo. Nenhum sofrimento pode ser comparado aos seus. No entanto, em meio a tais angústias, buscava-se em vão este gênero imóvel que pode produzir a dor, ou a simples resignação à serenidade, ou enfim queixas contra a injustiça do destino; de maneira que a comparação com a dor de Niobe faz surgir uma diferença característica.

Niobe também perdeu seus filhos; ela conserva simplesmente a grandeza e uma beleza inalterável. O que se mantém nesta desafortunada é a existência; é a beleza que se torna natureza e que constitui doravante todo seu ser. Esta individualidade real permanece, em sua beleza, o que ela era; mas seu espírito e seu coração perderam todo o conteúdo de seu amor, de sua alma. Sua individualidade e sua beleza não podem senão se petrificar. A dor de Maria tem um caráter completamente diferente. Ela não permanece insensível, ela sente a espada que atravessa sua alma. Seu coração está partido, mas não petrificado. Ela não *tinha* somente o amor; ela mesma *é* o amor, e ele preenche toda sua alma. É o sentimento interior em toda sua independência e sua realidade, que conserva sempre o fundamento e a essência absoluta do que ela perde. A perda do objeto amado, também, não remove dela a paz do amor. Seu coração está partido, mas a substância de seu coração, o conteúdo de sua alma, aparece em uma vitalidade que subsiste em meio a seus mais inefáveis sofrimentos. Ora, aí está algo de infinitamente mais elevado. É a beleza viva da alma, em oposição à espiritualidade abstrata cuja existência sob forma corporal permanece inalterável mesmo se for perdida, mas se petrifica.

B. A pintura da realidade

a) Paisagens.

O caráter dos objetos religiosos, tal como indicamos, é que neles se expressa a intimidade substancial da alma: o amor identifica-se com Deus, encontrando seu descanso no Absoluto. Ora, esta vida íntima tem ainda outro alimento; ela pode também, na natureza puramente exterior, encontrar um eco que responde à alma, e, nos objetos psíquicos, reconhecer os aspectos que tem da afinidade com o espírito. Por seu caráter imediato, na verdade, colinas, montanhas, árvores, vales, torrentes, planícies, o sol, a lua, o céu estrelado, etc. oferecem-se como tais, como montanhas, rios; mas, primeiramente, esses objetos já têm o foco em si mesmos, enquanto é a livre vitalidade da natureza que aparece neles e que produz certa harmonia com a alma humana, como sendo ela mesma viva. Em segundo lugar, as situações particulares dos objetos adquirem na alma de exposições que correspondem a elas a partir da natureza. O homem pode simpatizar-se com esta vitalidade, com esta voz que ressoa em sua alma, e por esta via entrar também em união íntima com a natureza...

Esta simpatia profunda também é objeto da pintura. Assim, não devemos considerar como seu sujeito verdadeiro os objetos da natureza em si mesmos, em sua forma e disposição puramente exteriores, ao ponto de que ela seja uma simples imitação. Seu objetivo é enfatizar fortemente, melhorar nas paisagens representadas a vitalidade da natureza, que penetra em todos os lugares e a simpatia característica dos modos desta vitalidade com os sentimentos particulares da alma humana. Esta simpatia profunda é o único lado rico do sentimento, o único verdadeiramente expressivo, pelo qual a natureza pode ser, não somente tomada como ambiente, mas como conteúdo próprio da pintura.

b) A alegre pintura das coisas.

Outra espécie de expressão simpática é aquela que se encontra, em parte, nos objetos insignificantes, destacados do conjunto animado de uma paisagem, nas cenas da vida humana, que podem nos parecer, não somente acidentais, mas vulgares e triviais... Se nos perguntamos o que, nos objetos, por sinal, tão pobres e tão indiferentes, constitui, propriamente falando, o lado essencial e verdadeiramente digno da arte, é ainda o princípio substancial das coisas que se mantém ali e ali tem valor; é a *vitalidade* e a alegria da existência livre, na extrema multiplicidade de objetivos e interesses particulares.

O prazer poderia embotar-se em nós, por esta reflexão de uma estreita e desdenhosa razão, que semelhantes objetos são, de fato, muito comuns e indignos dos altos pensamentos que nos ocupam. Seria tomar o fundamento da representação exatamente pelo lado oposto àquele pela qual a arte realmente no-lo apresenta. Voltamo-nos, de fato, a estes objetos por nossas necessidades, nossas alegrias, nossa cultura intelectual, e outras finalidades; quer dizer, que nós os concebemos unicamente segundo sua conformidade exterior a estes mesmos fins. De sorte que nossas necessidades, nosso interesse próprio, são o que há de principal; enquanto a vitalidade do objeto em si mesmo é anulada. Ele aparece mais como destinado a servir de simples meio, ou deixa-nos inteiramente indiferentes, porque não sabemos qual uso fazer dele. Um raio de sol, que passa através de uma porta aberta em um ambiente em que entramos, e um país pelo qual viajamos, ou uma costureira, uma criada que vemos diligentemente ocupada, podem ser para nós algo de indiferente, porque nos dão vazão aos pensamentos ou esvaziamos nossa mente. É como a fisionomia de pessoas com as quais nos relacionamos na vida cotidiana ou que encontramos por acaso. Nossa personalidade e nossa atividade múltipla são aí perpetuamente colocadas em jogo. Somos levados a dizer isso ou aquilo, a uma ou outra pessoa; temos que terminar uma tarefa com certo homem; devemos a ele respeito; pensamos tal ou tal coisa a seu respeito; vemo-lo em tal ou tal circunstância que sabemos a respeito dele; nós nos conduzimos, consequentemente, na conversa; mantemo-nos em silêncio sobre isso ou aquilo para não magoá-lo; não tocamos em determinado assunto porque poderíamos ser mal-entendidos. Assim, temos sempre diante dos olhos sua história, sua classe, sua profissão, nossa conduta obrigatória ou nossas tarefas para com ele, e permanecemos numa relação inteiramente prática ou em um estado de indiferença e de distração para com ele que nem mesmo notamos.

Ora, na representação de uma realidade viva semelhante, a arte muda completamente nosso ponto de vista para com ela mesma. Primeiramente, ela quebra todos os elos da vida prática que nos relacionam com o objeto e nos coloca diante dele numa relação contemplativa. Ao mesmo tempo, ela não apenas eleva mais a nossa indiferença; ela chama nossa atenção, que estava ocupada com outras coisas, para a situação representada, situação que, para ser desfrutada, precisa reunir e concentrar sobre si nossos olhares. – A escultura, sobretudo, destrói naturalmente, por suas produções ideais, a relação prática do espectador com o objeto, porque sua obra não parece pertencer à realidade. A pintura, por outro lado, nos coloca diante do mundo no meio do qual nós vivemos. Mas, ao mesmo tempo, corta todos os laços que nos prendem a ela; ela faz calar as necessidades, as inclinações, as simpatias ou as antipatias que nos chamam para os seres reais, ou nos distanciam deles, ao mesmo tempo em que ela aproxima de nós os objetos que nos mostra como tendo seu objetivo em si mesmos e que desfrutam uma vitalidade própria. Isso é o contrário do que M. Schlegel exprime de uma maneira tão prosaica, a propósito de Pigmalião. Segundo ele, esta fábula indica o retorno da obra de arte perfeita à vida comum, em que ela trata da inclinação pessoal e da alegria real. Este retorno é o contrário do distanciamento no qual a obra de arte coloca o objeto frente às nossas necessidades, enquanto ela restabelece, ao mesmo tempo, sua vida própria e independente, e a coloca como espetáculo diante de nós.

Mas se, neste círculo, a arte dá aos objetos aos quais nós não deixamos em geral sua independência particular, a liberdade que eles tinham perdido, ela sabe também imobilizar aqueles que, na realidade, possuem uma existência apenas momentânea; e por isso eles nos forçam a contemplá-los por si mesmos. Quanto mais a natureza, em suas organizações e seus móveis fenômenos, atinge um alto efeito, tanto mais ela se assemelha ao ator, cujo papel deve ser compreendido num rápido golpe de vista. A esse respeito, já proclamei, como um triunfo da arte sobre a realidade, o privilégio que ela tem de fixar o que há de mais fugidio. Na pintura, este poder de tornar durável o que é instantâneo, é exercido, primeiramente, pela vitalidade *momentânea* que se encontra concentrada em situações determinadas; em seguida, pela magia da aparência, nas cores móveis e passageiras. Uma tropa de cavaleiros, por exemplo, pode mudar em um instante a maneira de agrupar-se e pode mudar a posição de cada cavaleiro. Se nós mesmos estivéssemos ali, teríamos outra coisa a fazer que considerar o espetáculo vivo que oferece essas mudanças. Seria preciso que nós montássemos, descêssemos, comêssemos, bebêssemos, repousássemos, desarmássemos os cavalos, os abrigássemos, lhes déssemos de comer, etc. Ou, e se fôssemos os espectadores na vida real, nós os olharíamos com um interesse completamente diferente. Nós gostaríamos de saber quem são essas pessoas, o que fazem, qual o motivo de sua viagem, etc. O pintor, por outro lado, sabe captar os movimentos mais ligeiros, a expressão mais fugidia do rosto, as aparências da cor mais instantâneas nesta mobilidade; e coloca tudo isso diante de nossos olhos, simplesmente pelo interesse desta vitalidade da aparência que, sem ele, desaparece sem retorno. Em particular, é este jogo de aparências coloridas, e não a cor em si, é o claro-escuro, o relevo ou o retrato dos objetos que fazem a representação parecer natural. Em geral, nas obras de arte, damos pouca atenção a este mérito que somente a arte nos revela. Além disso, o artista empresta da natureza a vantagem que ela tem de entrar nos menores detalhes. Como ela, ele é concreto, determinado, individualizado, porque conserva nestes objetos a mesma individualidade que possui aparência viva em seus lampejos mais rápidos. E, todavia, as particularidades imediatas não são servilmente reproduzidas, simplesmente para os sentidos; ela oferece à imaginação que fazemos dos objetos um caráter finito e determinado, mas onde repousa ainda o universal.

Agora, quanto mais insignificantes são, comparados aos objetos religiosos, os objetos que representam este gênero de pintura, tanto mais a produção *artística* em si mesma, a maneira de vê-los, de compreendê-los, de moldá-los, a adaptação do artista ao domínio total de seu objeto, a alma e o amor vivos de sua execução, constituem o interesse principal e confundem-se com o próprio fundamento da representação. O objeto, nas mãos do artista, não se torna portanto outra coisa que ele não é nem deve ser na realidade. Cremos apenas ver algo de totalmente diferente e novo; porque, na vida real, nós não damos atenção a estas situações e não notamos nos detalhes suas aparências coloridas. Por outro lado, algo de novo acrescenta-se, sem dúvida, a estes objetos ordinários: o saber, o amor, o sentido, o espírito, a alma com os quais o artista os compreende, apropria-se deles, e assim comunica sua própria inspiração, como uma nova vida, a que ele cria.

C. DUALIDADE DA PINTURA

a) **Profundeza e aparência.**
A pintura presta-se melhor que a escultura e a arquitetura aos dois extremos. Quero dizer que, se, por um lado, a profundeza do objeto, a gravidade moral ou religiosa da concepção e da representação, a beleza ideal das formas devem ser a coisa principal, por outro, nos objetos considerados em si como insignificantes, ela valoriza uma particularidade emprestada do real e do talento pessoal da execução. Há também, duas maneiras de julgar totalmente opostas. Às vezes, ouvimos a exclamação: Que belo objeto, que concepção profunda, encantadora, admirável! Que nobreza de expressão e ousadia de desenho! Outras: Como isto foi pintado de maneira superior e incomparável!

... A esse respeito, a pintura, como a escultura, deve primeiramente abrigar a essência das coisas, os objetos da crença religiosa, os grandes eventos e as grandes personagens da história, ainda que manifeste este fundamento substancial sob a forma da subjetividade interior. Aqui está a magnitude, a seriedade da ação representada, a profundeza do sentimento expresso, que são o ponto essencial. De maneira que o aperfeiçoamento e a aplicação dos processos artísticos, a riqueza de seus efeitos, a habilidade e a virtuosidade, que reclama o emprego de todos os meios cuja pintura é capaz, não podem ainda obter todos os seus direitos...

Mas, por outro lado, a pintura não deve deter-se na representação destes objeto em que o espírito parece absorto num pensamento geral e profundo, e onde a alma revela sua natureza infinita; ela deve também dar lugar às particularidades. Estas, relegadas até aqui ao plano secundário do quadro como simples acessórios, reclamam sua independência. No progresso da arte passando da seriedade mais profunda à representação dos objetos exteriores e particulares, a pintura deve ir ao extremo oposto, à representação da simples aparência enquanto tal; quer dizer, ao ponto em que o objeto torna-se algo de indiferente, e a criação artística da aparência o interesse principal. Vemos então a arte colocar sua perfeição em fixar sobre a tela as mudanças mais fugidias do céu nas diferentes horas do dia, a cor das árvores diversamente iluminadas, a aparência e o reflexo das nuvens, das ondas, dos lagos e dos rios, a clareza transparente do vinho nos cálices, o brilho dos olhos, aquilo que há de instantâneo no olhar, no sorriso, etc. A pintura passa aqui do ideal à realidade viva; ela reproduz os efeitos dessas aparências, principalmente pela exatidão da execução, pela fidelidade com a qual cada parte e cada detalhe são produzidos. Todavia, ela não é absolutamente uma simples habilidade mecânica, é uma atividade propriamente espiritual, que completa cada particularidade por si mesma, e, no entanto, mantém as partes do todo em suas relações e em sua fusão íntima; o que exige maior aplicação da arte. Assim, a vitalidade obtida nas aparências, desse modo, criadas a partir do real, parece algo de mais elevado que o ideal. O que explica porque, em nenhuma outra arte, não se tem discutido sobre o ideal e a natureza.

b) Do sagrado ao profano: a evolução da pintura holandesa.
A arte alemã e flamenca percorreu, da maneira mais formal e mais marcante, todo o círculo dos objetos de representação e modos de tratá-los: desde as imagens tradicionais das igrejas, as figuras isoladas e os simples bustos, e, mais tarde, as representações plenas de expressão, de piedade e inspiração religiosa, até o movimento e a extensão das grandes cenas e das grandes composições, onde o caráter livre e a vitalidade das figuras são intensificados pelo brilho exterior das equipagens e de uma coleção numerosa, pela presença fortuita de personagens populares, o adorno das vestimentas, a riqueza dos vasos e dos retratos, as obras pintadas de arquitetura e as paisagens circundantes, as vistas de igrejas, de ruas, de vilas, de rios, de florestas, de montanhas; o todo restituído à unidade e sustentado pela ideia religiosa que forma a base do quadro. Mas este centro da representação é o que se destrói pouco a pouco na sequência. De maneira que o círculo dos objetos contidos até aqui na unidade se rompe, e, portanto, as particularidades, em sua individualidade específica, com suas mudanças e seus acidentes móveis, prestam aos modos mais variados da concepção e da execução pitorescas.

Para apreciar perfeitamente aqui o mérito deste último desenvolvimento da arte, devemos nos colocar sob a perspectiva do estado nacional em que ela nasceu. A Reforma havia chegado à Holanda; os holandeses tornaram-se protestantes; eles tinham vencido o despotismo clerical e monárquico da Espanha. Aqui, não encontramos, a respeito da política, nenhuma nobreza orgulhosa de seus privilégios, que caça seus príncipes ou seus tiranos, ou dita--lhes leis, nem um povo agrícola, de camponeses oprimidos que suportam o jugo como os suíços. É um povo cuja parte muito mais numerosa, aliás brava sobre a terra, heroica sobre o mar, compunha-se de habitantes de vilas, de industriosos e honestos burgueses, que, satisfeitos com seu trabalho, não tinham nenhuma pretensão ambiciosa, e, no entanto, quando se tratava de defender sua liberdade e seus direitos legitimamente adquiridos, ou os privilégios particulares de suas províncias, de suas vilas, de suas corporações, se levantavam, com uma audaciosa confiança em Deus, com sua coragem e sua inteligência, sem lamentar, em face das monstruosas pretensões da dominação espanhola sobre a metade do mundo, de expor-se a todos os perigos, vertendo bravamente seu sangue, e, por esta legítima audácia e esta constância, conquistaram sua independência religiosa e política. Certamente, se pudéssemos qualificar de *alemão* certo gênero de estado de espírito, é esta virtude burguesa, fiel, honesta, consciente de si mesma e, portanto, sem orgulho, religiosa sem melancólico entusiasmo nem devoto devaneio, revelando às vezes todas as qualidades práticas nas relações da vida social, sem fausto, embora feliz em sua riqueza, simples, elegante e própria em suas habitações e seu entorno; que, no meio da assiduidade e do contentamento geral de todas as profissões, soube, apesar da independência e da liberdade sempre crescentes, permanecer fiel aos antigos costumes e conservar intacta a probidade de seus ancestrais.

Agora, essa população plena de sentidos e felizmente dotada para as artes quer desfrutar uma segunda vez, pela pintura, do espetáculo desta existência, tão forte quanto honesta, satisfeita e alegre; ela quer ver reproduzida sobre os quadros, em todas as situações possíveis, a propriedade de suas vilas, de suas casas, de seus móveis, sua paz doméstica, sua riqueza, o adorno honesto de suas mulheres e de suas crianças, o brilho de suas festas públicas, a bravura de seus marinheiros, seu comércio renomado e seus navios que singram o oceano em todas as direções.

É precisamente este sentido de uma existência honesta e alegre que os mestres holandeses aplicam, desse modo, à representação dos objetos da natureza. E, então, em todas as produções de sua pintura, à facilidade e à certeza de concepção, à predileção pelo que é na aparência pouco importante e momentâneo, à ingenuidade que dá tanto de frescor a seus quadros, à seriedade que absorvem dos objetos os menores e os maiores, desfrutando a mais alta liberdade de composição artística, uma delicadeza particular de tato para o acessório, e um cuidado perfeito na execução. Isto não é tudo; por um lado, esta pintura, em suas batalhas e seus episódios da vida militar, nas cenas de cabaré, na representação dos incidentes da vida doméstica, nos retratos e nas paisagens, nos objetos da natureza, nos animais, nas flores, etc., tem revelado toda a magia e encanto da cor, da luz, da coloris em geral. Por outro lado, ela tem forçado a arte a compreender o lado característico das coisas e de transmiti-lo, da maneira mais viva, a um grau de verdade e perfeição que não pode ser ultrapassado. E se, agora, ela vai do insignificante e do acidental ao rústico, até a grosseira e comum natureza, estas cenas parecem tão penetradas de jovialidade e de alegria ingênua que não é comum (que como tal, é apenas comum e repugnante), mas esta alegria jovial e esta ingenuidade que formam o objeto e o fundamento verdadeiro do quadro. Não temos, por conseguinte, sob os olhos, nenhum sentimento, nenhuma paixão vulgar, mas a vida campestre aproximada da natureza, em suas condições inferiores, com o que ela tem de agradável, de astuta e de cômica. É neste abandono e nessa indiferença que consiste aqui o momento ideal. É o domingo da vida que iguala tudo que distancia toda ideia do mal.

D. Êxito da pintura

O retrato

É possível afirmar, em certo sentido, que o progresso da pintura, desde seus ensaios imperfeitos, consistiu precisamente em aproximar-se do retrato. Foi primeiramente pelo sentimento religioso e místico que, este, soube criar a expressão da vitalidade interior. A arte, num elevado grau de perfeição, vivificou este espírito dando mais verdade às figuras, aproximando-as mais da existência real, e, à medida que aperfeiçoava a forma exterior, entrava mais profundamente ainda na expressão da alma e do sentimento íntimo.

No entanto, para que o retrato fosse também uma obra de arte verdadeira, foi preciso que nela fosse colocada a unidade da individualidade espiritual, e que o caráter espiritual fosse o ponto principal e dominante. A isso, devem concorrer todas as partes do rosto. O pintor, dotado de sentido fisionômico pleno de delicadeza, representa então o aspecto original do indivíduo, por isso mesmo ele compreende e faz ressaltar os traços, as partes que exprime em sua vitalidade o mais claro e o mais proeminente. A esse respeito, um retrato pode ser muito semelhante, de grande exatidão de execução e, todavia, insignificante e vazio, assim como um esboço feito com poucos traços pela mão do mestre, será infinitamente mais vivo e de uma verdade marcante. Tal esboço deve, pelos traços verdadeiramente significativos, representar a imagem simples mas total da personagem, que esta execução sem talento, esta fidelidade material, deixou escapar ou não soube fazer aparecer. O maior segredo da arte será manter, a esse respeito, um ditoso meio entre tais esboços e a imitação fiel da natureza. Estes são, por exemplo, os retratos de Ticiano. Eles nos oferecem o aspecto da individualidade e dão-nos a ideia da vitalidade espiritual de uma maneira que a fisionomia real não no-la apresenta.

... Na figura humana, o desenho da natureza é o esqueleto; são as partes duras ao redor das quais as partes moles colocam-se e desenvolvem-se com seus diversos acidentes. Mas o desenho característico do retrato, por mais importantes que sejam as partes duras, consiste em outros traços fixos, no *rosto moldado pelo espírito*. Pode-se dizer, nesse sentido, de um retrato, que ele não somente pode lisonjear, mas que *deve* fazê-lo; porque deve negligenciar o que pertence aos simples acidentes da natureza e reproduzir apenas o que contribui para exprimir o caráter do indivíduo em sua essência mais própria e mais íntima.

III. CARACTERES ESSENCIAIS DA ARTE ROMÂNTICA

Se comparamos o caráter da arte romântica com o objetivo da arte clássica tal como foi atingido da maneira mais perfeita pela escultura grega, vemos que a forma plástica dos deuses não exprime a atividade do espírito destacado de sua realidade corporal e levado à consciência íntima de si mesmo. De fato, o caráter mutável e acidental da individualidade empírica é aniquilado, nestas nobres imagens dos deuses; mas aí buscar-se-ia em vão a realidade da subjetividade existente por si mesma, a consciência nítida de si mesma e a vontade contemplativa. No exterior esta falta revela-se pelo fato de que a expressão mais imaterial da alma, a luz do olhar está ausente nas representações da escultura. As personagens da estatuária da ordem mais elevada são privadas do olhar. Nelas o interior não se revela enquanto interioridade que se conhece a si mesma nesta concentração espiritual que somente o olho pode revelar ao exterior. Esta luz da alma provém de fora e não encontra nada que lhe seja correspondente; ela pertence unicamente ao espectador que pode contemplar a personagem, por assim dizer, de alma para alma, de olhar para olhar. O deus da arte romântica, pelo contrário, é um deus que quer, que se conhece, que se sabe em sua personalidade interior, e que abre sua alma para a alma do fiel... Por outro lado, como um espírito absoluto revela-se, ao mesmo tempo, em sua existência real sob a forma humana, o homem que se encontra em relação com todo o mundo, a representação abrange uma vasta multiplicidade de fenômenos que pertencem às vezes ao subjetivo e à natureza exterior que o espírito reconhece como sua.

Ora, a realização desta ideia, desse princípio da subjetividade absoluta, pode apresentar em seu desenvolvimento as seguintes ideias e formas:

1º.

Devemos tomar nosso ponto de partida do próprio absoluto, que se dá a existir, conhece a si próprio e age como espírito real. Aqui a figura humana é representada de tal maneira que é imediatamente reconhecida como contendo em si mesma o princípio divino. O homem não aparece como homem, com sua característica puramente humana, com paixões e fins limitados de sua natureza sensível, no desenvolvimento limitado de suas faculdades; ou ainda como tendo simplesmente consciência de sua união com Deus; mas como o próprio Deus que se sabe, às vezes, único e universal, que, em sua vida e seus sofrimentos, seu nascimento, sua morte e sua ressurreição manifesta à consciência individual o destino do espírito, a natureza do eterno e do infinito em sua verdade. Esta é a ideia fundamental que representa a arte romântica na história do Cristo, de sua mãe e de seus discípulos, assim como em todas as personagens nas quais o espírito santo reside e age, onde se manifesta a divindade. Porque, como Deus, o Ser universal que aparece sob a forma humana não se manifesta somente na existência única e imediata do Cristo, mas em toda a humanidade, onde o espírito de Deus está presente e age, sem que sua unidade seja alterada por isso. Este desenvolvimento do absoluto que dessa maneira contempla-se, do espírito existente em si e para si, é a paz, a conciliação do espírito consigo mesmo, em sua objetividade. Este é o reino de Deus, quer dizer, o mundo onde o princípio divino, que vertido em sua essência aspira entrar em paz com a criação, desenvolve-se em sua conciliação com ela e por aí adquirem a consciência verdadeira de si mesmo.

2º.

MAS EMBORA esta harmonia seja fundada sobre a essência mesma do absoluto e constitua a liberdade espiritual e infinita, ela não se oferece de modo nenhum imediatamente no mundo real, quer físico, quer moral; ela não se realiza senão pelo desenvolvimento do espírito que se eleva acima de sua existência imediata e finita para atingir sua verdadeira forma. Disso resulta que, para chegar à plenitude de seu ser e à liberdade, o espírito separa-se de si mesmo, opõe-se como finitude natural e espiritual assim mesmo enquanto infinito. Mas ele deve necessariamente sair desse estado de cisão no qual o lado finito, natural e imediato da existência, o coração com suas afeições naturais aparecem como o negativo, o mal físico e moral; ele deve entrar, pela vitória conquistada sobre as afeições sensíveis, no reino da verdade e da felicidade.

Portanto, esta reconciliação do espírito consigo mesmo não pode ser representada senão como um desenvolvimento incessante, no curso do qual perpetuam-se uma luta e um combate, onde a dor e a morte, a tristeza profunda que inspira o nada da vida, os sofrimentos físicos e morais, aparecem como um momento essencial. Porque, tomando por modelo Deus que lança para longe de si a realidade finita, o homem que, como ser finito, está separado de Deus, deve, para elevar-se a ele, propor-se, primeiramente, a tirar de sua natureza finita, a renunciar ao que está nele como nada, e, por esta morte para a vida real, a tornar-se como Deus, em sua vida mortal, dada para contemplar objetivamente como realidade verdadeira. Ora, a dor infinita deste sacrifício que o homem faz da parte mais cara de seu ser, esta ideia do sofrimento e da morte que era mais ou menos excluída das representações da arte clássica, não aparecem mais ali senão como sofrimento físico, e encontra pela primeira vez na arte romântica seu lugar necessário e natural. Pode-se dizer que, entre os gregos, a morte havia sido compreendida em sua significação essencial; nem o natural com tal, nem a presença imediata do espírito unido ao corpo eram vistos como uma existência negativa. Assim, a morte era apenas uma simples passagem a outro modo de existência, sem medos, sem terrores; era um término natural, sem outras consequências incomensuráveis para o indivíduo moribundo.

Mas do momento em que a subjetividade, em sua substância espiritual, tem um valor infinito, a negação que efetua a morte pode ser a deste ser que é revestido de tão alta dignidade e que tem tanta importância. A morte então torna-se terrível; porque é uma morte da alma que, por isso, pode-se encontrar excluída para sempre da felicidade, infelizmente a um mal absoluto e devotada à condenação eterna. O indivíduo, na Grécia, pelo contrário, considerado em sua natureza espiritual, não recebe este valor; isto porque ele ousa representar a morte com imagens menos sombrias; porque o homem não treme verdadeiramente senão pelo que tem grande preço a seus olhos. Ora, a vida não tem esse valor infinito para a consciência senão quando o sujeito, como ser espiritual e consciente, é para si mesmo a única existência verdadeira, então, é arrebatado por um justo terror diante da morte que pode representar para si a anulação de seu ser.

Por outro lado, a morte não tem, na arte clássica, a significação *afirmativa* que adquire na arte romântica. Para os gregos, não havia nada de grave na imortalidade. É em Sócrates, com o desenvolvimento tardio da reflexão e da consciência de si, que, pela primeira vez, a imortalidade toma uma significação mais profunda e satisfaz a uma necessidade mais ampla da alma humana. Quando Ulisses, por exemplo, encontra Aquiles nos infernos e o felicita como o mais feliz de todos aqueles que o precederam e que vieram depois dele, porque antes de sua morte ele era honrado como semelhante aos deuses, e agora encontra-se no primeiro nível entre os mortos, Aquiles que, como se sabe, faz pouco caso dessa felicidade, responde a Ulisses que seria em vão tentar consolá-lo da morte com palavras. "Eu preferiria, disse, ser servo de agricultor, pobre com salário de um homem pobre, do que reinar aqui entre todas estas sombras que se agitam no ar." – Na arte romântica, pelo contrário, a morte é somente a morte da alma física e da subjetividade finita; ela não destrói senão o que não tem existência verdadeira; ela não é negativa senão para o que já é negativo em si; ela anula somente aquilo que é um puro nada, e, por isso, liberta o espírito de sua finitude, da luta interior dos dois princípios; em uma palavra, ela realiza a conciliação espiritual do sujeito com o Absoluto. Para os gregos não havia nada de positivo, exceto a vida inseparável da existência física, terrena; a morte, por conseguinte, era a destruição completa da existência real. Na visão romântica do mundo, como ela faz desaparecer apenas uma existência negativa, ela tem o sentido de uma dupla negação; ela é uma afirmação. É a ressurreição do espírito que se liberta dos elos de sua natureza corporal, e da existência finita que não convém à sua essência. O sofrimento e a morte da subjetividade se anulam, transformam-se em um retorno do espírito a si mesmo, em uma paz interior, uma felicidade suprema. Ora, esta existência positiva, esta conciliação da alma consigo mesma, o homem não pode alcançar a não ser pela morte de sua existência negativa que o mantém separado da verdadeira vida. E esse princípio não se aplica somente ao fenômeno particular da morte à qual o homem está condenado pela natureza; ele constitui a evolução que o espírito, independentemente mesmo desta negação exterior, deve seguir em si mesmo, se quiser ascender a uma vida verdadeira.

3º.

O TERCEIRO elemento do qual se compõe este mundo do espírito é o homem que não é mais a manifestação imediata do Absoluto e do Divino como *Divino,* que não representa mais o progresso da ascensão para Deus e sua conciliação com ele, mas que se mantém em um círculo puramente humano. Aqui, tudo tem um caráter finito, os interesses, as paixões, as colisões, os sofrimentos e as alegrias, as esperanças e sua satisfação. É disso mesmo que se tratam a natureza exterior, os objetos que ela contém, seus fenômenos particulares. No entanto, segundo a maneira diferente de ver as coisas, pode-se ainda distinguir aqui dois pontos de vista. De um lado, de fato, o espírito alcança esta harmonia afirmativa consigo mesmo, pode comportar-se neste domínio como em seu elemento legítimo, satisfazendo-se e manifestando-se novamente em sua intimidade e seu apaziguamento afirmativos. Se, por outro lado, este mundo passa a seus olhos ao nível de uma existência acidental, que não pode pretender nenhum valor por si mesmo, ele não encontra mais sua existência verdadeira, e não pode realizar sua unidade interior a não ser se destacando dele esta finitude do espírito da natureza.

{ IV }

O Sistema das Artes

A ARTE não possui outra destinação senão oferecer à percepção sensível a verdade tal como ela é ao espírito, a verdade em sua totalidade, conciliada com o mundo objetivo e visível. Ora, enquanto esta manifestação deve realizar-se na esfera das representações reais da arte, esta totalidade, que não é outra que o absoluto em si mesmo em sua verdade, desenvolve-se em uma série de momentos distintos.

O *meio*, o centro propriamente dito, é aqui a representação do *absoluto*, do próprio Deus, como tal, em sua independência absoluta, quer ainda não desenvolvido no movimento e na diferença, quer ainda não passou à ação e à distinção de si, mas contido em si mesmo, em uma calma e um repouso divinos, plenos de majestade. É o ideal representado em sua verdadeira forma, que, manifestando-se em tudo, permanece em uma identidade perfeita consigo mesmo. Para poder aparecer na independência infinita, o absoluto deve ser concebido como espírito e, ao mesmo tempo, como sujeito, um sujeito que possui em si sua manifestação exterior, adequado a ele mesmo.

Mas, agora, como passando à existência real, tem diante e em torno de si um mundo *exterior*, que deve ser moldado de uma maneira conforme o absoluto para alcançar a uma manifestação que lhe corresponda e seja permeado pelo absoluto. Este mundo circundante é, primeiramente, o *objetivo*, a natureza física e propriamente dita, no aparato de suas formas exteriores, que não tem por si mesma nenhuma significação espiritual, nem uma intensidade nem subjetividade, e, por conseguinte, não deve ser capaz de exprimir o espiritual se não de uma maneira simplesmente alusiva como seu teatro moldado em bela coisa.

Em oposição à natureza exterior, surge a interioridade subjetiva, alma humana como o elemento verdadeiro no qual reside e manifesta-se o absoluto. Mostram-se, aqui ao mesmo tempo, a pluralidade e a diversidade, todas as consequências da individualidade, a particularização, a diferença, a ação e o desenvolvimento; em geral, o mundo rico e variado do espírito real, em que a presença do absoluto é assim compreendida e desejada, onde se faz em tudo sentir sua ação.

Compreende-se já, por estas indicações, que as diversas formas que afetam o próprio fundamento da arte, em seu desenvolvimento total, correspondem, quanto à concepção e à representação (pelo menos no que é essencial), àquilo que temos considerado sob o nome de forma *simbólica, clássica* e *romântica.* De fato, a arte simbólica, em vez da identidade e da forma, oferece apenas uma manifestação exterior, que revela somente a afinidade dos dois elementos; ele apenas indica, por alusão, a significação íntima e o conteúdo que ele deveria exprimir. Ele fornece, por conseguinte, o tipo fundamental desta arte particular, que tem por destinação moldar o objetivo como tal, o meio natural, de maneira a produzir um meio artístico para o espírito, de introduzir nestas formas, de uma maneira puramente indicativa, a significação interna do espírito.

Arte clássica, pelo contrário, responde à representação do absoluto manifestado na realidade exterior, livre, independente, no seio desta forma; enquanto o fundamento da arte romântica, que determina, desse modo, sua forma e a *subjetividade,* a alma, o sentimento em sua infinidade e sua particularidade finita.

De acordo com este princípio de divisão, o sistema das artes particulares organiza-se da seguinte maneira:

1.

A *ARQUITETURA* oferece-nos a primeira; é por ela que a arte inicia, e isso em virtude de sua própria natureza. Ela é o começo da arte, porque a arte, em sua origem, não encontrando, para a representação do elemento espiritual que ela contém, nem os materiais convenientes, nem a forma que lhe corresponde, deve se limitar a esses ensaios para atender a verdadeira harmonia dos dois termos, e contentar-se de uma ideia e de um modo de representação ainda exteriores um ao outro. Os materiais dessa primeira arte são fornecidos pela matéria propriamente dita, não animada pelo espírito, mas carregada e moldada somente de acordo com as leis da gravidade; sua forma são as linhas da natureza exterior dispostas com regularidade e simetria, de maneira a formar, por seu conjunto, uma obra de arte que oferecia simples reflexo do espírito.

2.

Em segundo lugar vem a *Escultura*. O princípio que faz o fundamento de suas representações é a individualidade espiritual que constitui o ideal clássico. Ela o representa de tal maneira que o elemento interior ou espiritual esteja presente e visível na aparência corporal imanente ao espírito. Assim, a arte deve aqui criar uma obra verdadeiramente artística. Ela toma, por conseguinte, ainda por elemento físico a matéria pesada com suas três dimensões, mas sem moldá-la regularmente segundo as leis da gravidade e as outras condições naturais, para dar-lhe as formas do reino orgânico ou inorgânico. Por outro lado, ela não chega a reduzir, para os olhos, esta matéria a um ser como suas formas particulares apenas o simples efeito da aparência exterior. A forma determinada pelo fundamento próprio é aqui a vitalidade do espírito, a forma humana e seu organismo vivo, permeada do sopro do espírito. E esta deve representar, de uma maneira perfeita, a existência de vida em sua independência de sua majestade tranquila, inacessível aos problemas e às agitações da vida ativa, a seus conflitos e a seus sofrimentos.

3.

Nós DEVEMOS reunir em uma mesma classe as artes que são chamadas a representar a alma em sua concentração interior ou *subjetiva*.

1º.

A *PINTURA* dá início a esta série. De fato, na pintura, a aparência visível é ainda, na verdade, o meio pelo qual se manifesta o espírito; mas o verdadeiro fundamento desta arte é a *subjetividade* particular, a alma destacada de sua existência corporal para recolher-se em si mesma; é a paixão e o sentimento naquilo que tem de mais íntimo, o caráter. São as afeições profundas do coração que não passam mais para a forma exterior. Mas se refletem nesta os pensamentos mais secretos da consciência, o espírito em si mesmo, ocupado com suas próprias situações, os fins que ele persegue e as ações que realiza.

Como meios de representar essas ideias, a pintura é obrigada a empregar a aparência visível, em geral, as formas da natureza e as do organismo humano, em particular, enquanto esta deixa claramente entrever em si o elemento espiritual. – Mas quanto ao elemento físico propriamente dito, não pode empregar a matéria pesada e tal como existe com suas três dimensões; ela deve por assim dizer interiorizar esta matéria como ela o faz com suas figuras. O primeiro passo pelo qual se aproxima o elemento físico, por aí, do espírito, consiste primeiramente na supressão dos fenômenos reais, transformados pelo olho em uma simples aparência; em seguida, nas cores, cujas nuances, as transições e a fusão concorrem para efetuar esta mudança. Assim, a pintura, para mais bem exprimir alma e seus sentimentos, reduz as três dimensões da extensão à superfície, esta, embora exterior, é a mais próxima da interioridade. Ela representa o distanciamento dos objetos, sua distância respectiva no espaço e nas figuras pela ilusão das cores. Porque a pintura não tem somente por objetivo oferecer ao olhar uma aparência visível, ela quer uma visibilidade que dê a ela mesma suas próprias particularidades e se torna dessa maneira interior. Na escultura e arquitetura, as formas tornam-se visíveis pela luz exterior. Na pintura, pelo contrário, a matéria, obscura por si mesma, tem em si seu elemento interno, não objetivo: a luz; tira de si mesma sua claridade e sua obscuridade. Ora, a unidade, a combinação da luz e do escuro, essa, é a cor.

2º.

A *MÚSICA*, em sua própria esfera, forma uma oposição com a pintura. Seu elemento próprio é o próprio interior, o sentimento invisível ou sem forma, que não pode manifestar-se no exterior e sua realidade, mas somente por um fenômeno exterior que desaparece rapidamente e aniquila a si mesmo. Por conseguinte, a alma, o espírito, em sua unidade imediata e sua subjetividade, o coração humano, a impressão pura, constituem o fundamento próprio desta arte. Seu elemento físico é o som, seus modos, suas combinações, seus acordes, as diversas maneiras pelas quais se dividem os sons, unem-se, opõem-se, formam as oposições, as dissonâncias harmonizadas, segundo as relações da quantidade e da medida formadas pela arte.

3º.

DEPOIS da pintura e da música, vem, em terceiro lugar, arte que se exprime por meio da palavra, a *Poesia* em geral, a verdadeira arte do espírito, a que o manifesta realmente como espírito. Porque tudo que a consciência concebe, tudo que ela elabora pelo trabalho do pensamento do mundo interior da alma, somente a palavra pode receber, exprimir e representar. Pelo fundamento, a poesia é, portanto, a mais rica de todas as artes; seu domínio é ilimitado. No entanto, o que ela ganha em relação às ideias perde em sensibilidade. De fato, como ela não se dirige aos sentidos, como as artes plásticas, nem ao simples sentimento, como a música, ela quer representar à imaginação e intuição espirituais as ideias do espírito, elaboradas no espírito, o elemento físico pelo qual se exprime não é mais, para o espírito e imaginação, senão um *meio* artístico moldado, na verdade, mas um simples meio para a manifestação do espírito em si mesmo. Ele não conserva o valor de um objeto sensível, no qual a ideia pode encontrar a forma que lhe convém. Esse meio, entre os que nós temos considerado, não pode ser outra coisa que o *som*. Este é de todos materiais da arte relativamente o mais apropriado ainda para o espírito.

O som já não conserva, no entanto, como na música, o valor por si mesmo, ao ponto que a arte tenha por objetivo essencial moldá-lo, e exaurir-se nessa tarefa. O som deve ser aqui permeado pela ideia, recolhido pelo pensamento determinado que ele exprime e aparecer como simples signo deste conteúdo. Para o que é agora *modos de representação*, a poesia, a esse respeito, mostra-se a arte universal, porque reproduz em seu próprio domínio os das outras artes; o que não tem lugar senão parcialmente na pintura e na música...

Estas *cinco* artes formam o sistema determinado e organizado das artes reais.

* * *

ESCLARECIMENTOS

1. Riqueza crescente

A arquitetura é a arte mais pobre quanto à expressão das ideias; a escultura é um pouco mais rica, enquanto o domínio da pintura e da música pode se estender da forma mais ampla. Com a idealidade crescente dos materiais exteriores e seu caráter mais complexo, mais diversificado, aumenta a multiplicidade de ideias e formas que são suscetíveis de receber. Ora, a poesia liberta-se dessa preponderância de materiais, de modo que o caráter determinado de seu modo sensível de expressão exige apenas esta limitação a um fundamento específico e a um pequeno círculo de concepção e de representação. Está, portanto, ligada exclusivamente a uma forma particular de arte. É a *arte universal*, capaz de moldar e expressar de qualquer maneira um assunto qualquer, desde que seja suscetível de entrar no campo da imaginação; e isso porque o seu elemento próprio é a própria imaginação, esta base geral de todas as formas de arte e de todas as artes particulares.

2. Abstração crescente

É também apenas àquele que seguiu a marcha em suas pesquisas que a poesia se mostra como esta arte particular em que a arte em si começa a se dissolver, e que representa aos olhos da filosofia como um ponto de transição ao pensamento religioso e à prosa do pensamento científico. As áreas limítrofes do mundo do belo são, realmente, como vimos anteriormente, por um lado, a prosa da realidade finita e da consciência ordinária sobre a qual a arte se eleva para alcançar a verdade; por outro lado, nas esferas superiores da religião e da ciência em que a arte toma lugar ocorre uma convulsão do absoluto liberto de todas as formas sensíveis.

3. Poder crescente sobre o sensível

Se, portanto, a poesia tem o privilégio de reproduzir todas as formas da beleza de uma maneira mais espiritual, então, este caráter de espiritualidade constitui precisamente a falta deste último campo da arte. Podemos, no círculo do sistema das artes, opor diretamente a esse respeito a poesia à arquitetura. A arquitetura, na verdade, não pode sujeitar a matéria ao pensamento; e as formas que ela lhe dá são apenas um símbolo imperfeito do espírito. A poesia, pelo contrário, conseguiu negar a tal ponto seu elemento sensível, o som, que esse elemento, que mais se distancia da matéria pesada, em vez de ser moldado como a forma na arquitetura, em vez de ser um símbolo significativo do pensamento, não é mais que um signo desprovido de significação direta. Mas, por isso, destrói-se a fusão da interioridade espiritual da existência externa a tal grau que já não responde mais à ideia original da arte. De modo que agora a poesia está em perigo de perder-se por si ao passar da região sensível à do pensamento puramente espiritual. Entre esses dois extremos em que estão colocadas a arquitetura e a poesia, a pintura, a escultura e a música estão no meio, e este meio é o belo; porque cada uma dessas artes incorpora plenamente o conteúdo espiritual ao elemento físico, e o revela de uma vez aos sentidos e ao espírito. Assim, embora a pintura e a música, como as artes românticas, empreguem materiais de uma natureza menos material, o que lhes falta do lado da realidade imediata que começa a se dissipar nessa idealidade crescente, elas compensam pela variedade de combinações ou riqueza de formas que são capazes de afetar as cores e os sons, e isso em um grau que não se pode exigir dos materiais da escultura.

Segunda Parte

Música e Poesia

{ I }

A Música

I. A MÚSICA COMO OUTRA EXPRESSÃO DO SENTIMENTO

1. A música, expressão da interioridade

A MÚSICA, entre outras artes, tem a prerrogativa de poder libertar-se não somente de todo texto positivo, mas da expressão de qualquer sujeito determinado que seja, para satisfazer-se simplesmente de uma sucessão acabada de combinações, de modulações, de oposições e de harmonias que pertencem ao domínio puramente musical dos sons. Mas quando a música é vazia, inexpressiva; e quando o principal em todas as artes, o conteúdo espiritual e sua expressão, faltam-lhe, ela não merece mais, propriamente falando, este nome. É somente quando, no elemento sensível dos sons e seus diversos modos e combinações, um sentimento e um pensamento são expressos com verdade, que a música se eleva ao nível de uma verdadeira arte. Aliás é indiferente que este pensamento seja formulado por palavras ou que seja produzido mais vagamente pela harmonia do som e a animação da melodia.

A esse respeito, o problema próprio da música é este: não tratar este conteúdo espiritual tal como ele existe, como noção geral, na inteligência ou como objeto presente à intuição, tendo uma forma exterior determinada (já existente ou moldada pela arte), mas concebê-lo e tratá-lo de modo a introduzi-lo de maneira viva na esfera da subjetividade. Fazer ressoar nos sons esta vida íntima, estes misteriosos movimentos da alma, ou combinar este eco harmonioso com a linguagem das palavras que exprimem os pensamentos mais determinados, mergulhar, de alguma maneira, esta fria linguagem na fonte viva do sentimento e da emoção simpática, esta é a tarefa difícil que ecoa na música.

A interioridade como tal, eis, portanto, a forma sob a qual a música deve conceber seu objeto, e por isso ela é capaz de acolher tudo que penetra no interior da alma, tudo o que se oferece a nós sob a forma do sentimento. Disso resulta que a música não deve querer colocar-se a serviço da percepção, que ela deve limitar-se a tornar palpáveis para a alma os sentimentos íntimos da alma...

Ora, a forma particular sob a qual a interioridade entra na música é o *sentimento*, a vasta esfera da subjetividade, do eu... Todavia, quaisquer que sejam os objetos determinados que ela abrange, é preciso sempre que eles não abandonem esse caráter de intimidade que a distingue, e não afetem as relações exteriores com o eu. Por isso o sentimento mantém sempre a forma que envolve o conteúdo, e é este o domínio reivindicado pela música.

Assim, ela chega a exprimir todos os sentimentos particulares, todas as nuances da alegria, da serenidade, da jovialidade espiritual e caprichosa, a exultação e seus transportes, enquanto ela percorre todos os níveis da tristeza e da ansiedade. As angústias, os cuidados, as dores, as aspirações, a adoração, a oração, o amor tornam-se o domínio próprio da expressão musical.

2. A DUPLA INTERIORIDADE MUSICAL

A MÚSICA deve exprimir a interioridade como tal. Ora, a interioridade pode ser concebida de duas maneiras. De fato, compreender uma coisa em sua interioridade pode primeiramente significar tomá-la não na realidade exterior de sua manifestação, mas em sua significação inteligível. Por outro lado, pode-se entender por isso que se exprime um conteúdo de tal maneira que ele se torne vivo na alma. Ora, os dois modos de concepção podem ser aplicados à música; e isso tentarei fazer compreender pelos exemplos.

Na antiga música da igreja, em um *crucifixus,* por exemplo, os temas profundos que contêm a ideia da Paixão, este sofrimento e esta morte de um Deus crucificado e sepultado, são frequentemente concebidos de tal maneira que esta não é uma impressão pessoal de emoção, de compaixão ou de dor humana puramente individual provocada por esse acontecimento, mas de alguma maneira é a coisa em si mesma, quer dizer, a profundeza deste pensamento que se desenvolve nas harmonias e em suas cores melódicas. Sem dúvida, há também uma parte para o sentimento pessoal do ouvinte. Ele não deve somente *contemplar* os sofrimentos da crucificação, fazer disso uma *representação* geral, mas para o mais íntimo dele mesmo, viver o que há de mais íntimo nesta morte e nesse sofrimento divinos, ser absorvido totalmente por isso; de maneira que um objeto a penetra inteiramente e aniquila tudo o mais, enchendo-a dele somente. Da mesma maneira a alma do compositor, se ele quer que sua obra tenha a virtude de produzir tal impressão, deve também ser inteira e unicamente absorvida no objeto. Em vez de ocupar-se simplesmente do sentimento pessoal que o objeto é capaz de gerar, é preciso que ele busque nos sons aquilo que ganha a vida para a alma.

Ao contrário, posso, por exemplo, ler um livro, um texto que narra um evento, que expõe e desenvolve uma ação por meio das palavras, e por isso ficar profundamente comovido em minha própria sensibilidade, derramar lágrimas, etc. Este lado *subjetivo* do sentimento que se liga a toda ação humana, a toda manifestação da vida interior, e que também pode ser desvelado na percepção de cada evento e em vista de cada ação, a música é, também e completamente, capaz de exprimir. Além disso, ela adoça, acalma e idealiza por meio da expressão, na alma do ouvinte, a emoção simpática à qual ela se sente levada. Assim, nos dois casos, o fundamento ressoa sempre de maneira a penetrar a parte íntima da alma. Ao mesmo tempo, como a música cuida dela em sua concentração simples, sabe limitar em seus desvios a liberdade do pensamento e da imaginação que tendem a fazer sua ascensão acima de todo objeto determinado. Ela mantém a alma fixada sobre o objeto particular, ocupa-se dele, e no círculo estreito a comove e a preenche.

II. O SOM

1. O grito

Já fora da arte, o som, como interjeição, como grito de dor, como um suspiro, um riso, é a manifestação imediata mais viva dos estados e sentimentos da alma, a exclamação do coração. Há nisso uma produção espontânea, uma revelação súbita da alma como alma. É uma expressão que está no meio entre a concentração, a absorção sem consciência e a reflexão, o retorno sobre si mesmo, sobre seus pensamentos interiores e determinados, entre a ação e a contemplação. O pássaro tem também, em seu canto, essa alegria de manifestar-se.

Portanto, a simples expressão natural das interjeições não é ainda a música. Estas exclamações, na verdade, não são signos artificiais como os da linguagem articulada ou da palavra; mas também não exprimem um pensamento representado em sua generalidade. Elas manifestam com o som e no som uma situação moral, um sentimento que exala imediatamente com os gritos e alivia o coração pela violência da expiração. Mas esta libertação não tem nada de comum com a que produz a arte. A música deve exprimir os sentimentos pelos sons medidos e cadenciados, elevando, desse modo, à expressão natural sua violência, adoçá-la e temperá-la.

2. Grito e som

A pintura, muitas vezes, pode produzir os efeitos mais belos e os mais artísticos quando se absorve completamente na forma real na coloração e na expressão plena da alma de um dado homem em uma situação e circunstância determinadas. Isso do que ela é perfeitamente penetrada e o que acolheu em si, ela o reproduz inteiramente em toda sua vitalidade. Aqui a fidelidade natural, sob a condição de que ela está de acordo com a verdade artística, está perfeitamente em seu lugar. A música, pelo contrário, não deve reproduzir a expressão dos sentimentos como erupção natural da paixão; ela deve fazer penetrar nos sons, combinados segundo as relações do número e da harmonia, uma vida mais rica e mais animada; ela idealiza, assim, a expressão, dá-lhe uma forma superior criada inteiramente pela arte e para ela somente. O simples grito desenvolve-se assim em uma multidão de sons; um movimento é-lhe impresso, cujas variações e cores são reguladas pelas leis da harmonia e desdobram-se melodiosamente.

3. O SOM MUSICAL

O SOM com seus modos e suas diversas combinações na música é um elemento *fabricado* pela arte e pela expressão artística de uma maneira totalmente diferente das formas do corpo, sua postura e sua fisionomia na escultura e na pintura.

A música pode ainda, a esse respeito, ser comparada à arquitetura. Esta não toma emprestado suas formas da realidade tal como se oferecem na natureza; ela as inventa e as tira da imaginação, para moldá-las de uma só vez segundo as leis da gravidade e segundo as regras da simetria e da eurritimia. A música faz o mesmo em seu domínio; independentemente da expressão do sentimento, para seguir as leis harmônicas dos sons que se apoiam nas relações do número e da quantidade. Por outro lado, não somente no retorno da medida e do ritmo, mas também nas modificações que ela faz com que os sons se submetam, ela introduz, de diversas maneiras, as formas da regularidade e da simetria. E assim domina, na música, com a expressão viva da intimidade mais profunda da alma, a mais rigorosa observação das leis do entendimento; ela reúne os dois extremos que podem facilmente libertar-se um do outro. É particularmente nessa separação que a música toma um caráter arquitetônico, quando, renunciando exprimir o sentimento, se põe a construir por si mesma, de maneira plena de imaginação, todo um edifício de sons musicalmente regular.

Portanto, apesar das semelhanças, a arte dos sons move-se em uma esfera completamente diferente da arquitetura. Nas duas artes, as leis da quantidade e da medida fornecem, na verdade, a base; mas os materiais que coordenam segundo essas leis são de natureza diretamente opostas. A arquitetura se compreende da massa física pesada, de sua espacialidade inerte e de suas formas exteriores. A música, pelo contrário, emprega o som, este elemento cheio de alma e de vida, que se liberta da extensão, que assume as diferenças tanto de *qualidade* como de quantidade, que se precipita em seu curso rápido através do tempo. Assim, as obras das duas artes pertencem a duas esferas do espírito inteiramente diferentes. Enquanto a arquitetura eleva suas imagens colossais, que o olho contempla em suas formas simbólicas e sua eterna imobilidade, o mundo rápido e fugidio dos sons penetra imediatamente pelo ouvido ao interior da alma e a enche de emoções simpáticas.

4. A POTÊNCIA DO SOM

A ESCULTURA, particularmente, dá às suas obras uma existência independente, uma objetividade completa, tanto quanto ao fundamento quanto à manifestação artística exterior. O fundamento é o espírito em sua existência, às vezes, geral e individual, substancial e animado, livre e independente de toda relação exterior e repousa apenas em si mesmo. A forma, é a forma total com suas três dimensões. Por conseguinte, uma obra escultural conserva, como objeto de contemplação, maior independência. A pintura, por outro lado, como já vimos, entra em vantagem na comunicação íntima com o espectador, tanto por causa de seu fundamento mais subjetivo quanto por oferecer mais que a simples aparência da realidade que se apresenta sob seus olhos. Por isso, demonstra que não quer ser nada para si mesmo, que pelo contrário é essencialmente feita para o espectador que deve contemplá-la e apreciá-la.

Contudo, diante de um quadro, também, resta-nos ainda certa independência; porque ainda estamos lidando com um objeto que tem uma existência exterior, que não entra em relação conosco senão dirigindo-se a nossos sentidos, e não age sobre nós a não ser por intermédio de nossa sensibilidade e de nossa imaginação. O espectador pode, por conseguinte, ir para lá e para cá diante da obra de arte, anotar este ou aquele detalhe, analisar o conjunto e as partes, fazer sobre este objeto diversas reflexões e conservar, assim, uma perfeita liberdade ao contemplar o quadro.

A obra de arte musical oferece igualmente, como toda obra de arte, um princípio de distinção entre ela e o sujeito ao qual ela atinge os ouvidos e que dela deve desfrutar. De fato, os sons que ressoam possuem uma existência sensível distinta da alma que os apreende. Mas esta oposição não chega, como nas artes plásticas, à fixidez de um espetáculo permanente, durável, exterior, que permite contemplar os objetos existentes por si mesmos. Pelo contrário, o caráter dos sons é a instantaneidade; é desaparecer e suceder rapidamente sem deixar vestígios atrás de si. Por outro lado, a música não afetou a separação dos materiais exteriores e da ideia, como a poesia, na qual a representação mostra-se independente dos sons da palavra, e que, sozinha entre todas as artes, tem o privilégio de oferecer ao espírito uma série de ideias e imagens distintas das formas que afetam sua expressão. Sem dúvida, poder-se-ia objetar que a música também, segundo isso que foi dito acima, pode libertar os sons de sua significação e torná-los, por isso, livres; mas esta libertação não é, propriamente falando, o objetivo solene dessa arte. Este, pelo contrário, consiste em fazer concorrer todos os recursos da harmonia e da melodia à expressão do conteúdo escolhido e dos sentimentos que é capaz de excitar. Como a expressão musical tem por conteúdo a interioridade mesma, o sentido interior do sujeito e o sentimento que ele desvela, assim como o som, este fenômeno fugidio de instantaneidade que escapa à figura e à extensão, ela penetra com todos os seus movimentos no lar interior dos movimentos da alma. Ela exige da consciência; e, esta, não estando mais diante de nenhum objeto fixo, perde sua liberdade contemplativa, ela encontra-se arrebatada pela torrente rápida dos sons. Todavia, ainda é preciso distinguir aqui os efeitos diferentes que a música pode produzir, segundo as direções que ela pode tomar em seu desenvolvimento. De fato, falta à música um conteúdo mais profundo ou, em geral, uma expressão plena da alma e do sentimento, pode-se concluir que, sem ser afetados de outra maneira, nós encontremos prazer nos próprios sons ou na melodia. É possível, por outro lado, que o espírito fixe a seguir, com um interesse puramente racional, o curso harmônico e melódico dos sons sem comover demasiadamente a alma, sem arrebatá-la em sua sequência. É na música, sobretudo, que se encontra esta análise pura da razão, pela qual não haveria nada mais em uma obra de arte que a virtuosidade de uma obra bem feita. Mas, se fazemos abstração deste ponto de vista racional, e deixamo-nos levar ingenuamente por nossas impressões, então a obra musical arrebata-nos e leva-nos consigo, independentemente da potência que a arte, enquanto arte, exerce sobre nós em geral. A potência própria da música é uma potência elementar; queremos dizer que ela reside no elemento mesmo do som no qual se move esta arte.

III. O RITMO

1. O TEMPO

As FORMAS da escultura e da pintura são justapostas num espaço e representam a extensão visível em um conjunto de objetos reais ou aparentes. A música, pelo contrário, não pode produzir sons senão fazendo vibrar um corpo colocado no espaço e transmitindo por suas partes o movimento vibratório. Estas vibrações não pertencem à arte senão enquanto sucessões; e assim o elemento material entra na música somente pela duração de seus movimentos, em vez de entrar pela forma e pela figura. Todo movimento de um corpo, na verdade, realiza-se no espaço; assim a pintura e a escultura, ainda que suas figuras na realidade estejam em repouso, conservam ainda o direito de manifestar a aparência do movimento; mas no que diz respeito a essa espacialidade a música não admite o movimento. Resta-lhe, portanto, como disposição de seus materiais, apenas o tempo no qual se produzem as vibrações do corpo.

Mas o tempo, de acordo com o que já dissemos acima, não oferece, como o espaço, a justaposição positiva; é, pelo contrário, a exterioridade negativa; enquanto supressão da exterioridade recíproca é o ponto, e enquanto a atividade negativa é a supressão deste ponto temporal e sua absorção num outro que se destrói igualmente tomando o lugar da anterior, etc. Na sucessão desses pontos da duração, cada som particular permite que às vezes seja fixado como unidade, e é colocado em relação com outros sons sob a lei da quantidade; somos levados, portanto, a mensurar o tempo. Mas, por outro lado, como o tempo é a sucessão não interrompida de momentos semelhantes da duração, os quais, tomados como simples momentos, não se diferem em nada uns dos outros, o tempo mostra-se, desse modo, mais como o fluxo uniforme da duração contínua. Ora, a música não pode abandonar dessa maneira o tempo a esta indeterminação; ela deve, pelo contrário, determiná-lo, impor-lhe uma medida, e ordenar esta sucessão segundo a regra desta medida.

2. O TEMPO E O EU

O EU real pertence ao tempo com o qual, quando fazemos abstração do conteúdo concreto da consciência, ele coincide: ele nada mais é que este movimento rápido pelo qual se põe como outro e suprime esta alteridade; ele conserva aí apenas a si mesmo, o eu, o eu somente. O eu está no tempo e o tempo é o ser do sujeito. Mas como é o tempo e não a extensão que fornece o elemento essencial em que o som adquire existência e valor musicais, e como o tempo do som é também o tempo do sujeito, o som penetra no eu, o apreende em sua existência simples, o põe em movimento e o aprisiona em seu ritmo cadenciado, enquanto as outras combinações da harmonia e da melodia, como expressão dos sentimentos, completam e especificam o efeito produzido sobre o sujeito, contribuem para movê-lo e para efetuá-lo.

3. O TEMPO, O EU, A MEDIDA

POR QUE a música tem necessidade de medidas? A razão dessa necessidade é que o tempo está em relação íntima com o eu simples que, no som, percebe e deve perceber sua própria existência interior. Porque o tempo, em sua manifestação exterior, contém o mesmo princípio de atividade que se move no eu como base abstrata da substância espiritual. Se, portanto, é a alma, o eu simples, que deve revelar-se objetivamente como interior na música, o movimento exterior do tempo deve assim ser tratado conforme a natureza desse princípio interior. Mas o eu não uma é uma continuidade indeterminada, adoração sem fixidez; ele não possui identidade verdadeira senão enquanto reúne os momentos dispersos de sua existência e faz um retorno sobre si mesmo. É apenas recolhendo-se sobre si mesmo a partir da negação de si pela qual é tomado por objeto que ele existe para si mesmo, e que, por essa relação consigo mesmo, torna-se sentimento de si, consciência de si. Ora, disso resulta que a sucessão indeterminada sobre a forma da qual se oferece primeiramente o tempo real rompe-se e divide-se. Daí em diante, com efeito, o começo, o desaparecimento, a renovação dos momentos da duração não são mais a simples passagem de um "Agora" a outro da mesma espécie, um simples movimento contínuo. A esta vazia e uniforme continuidade opõem-se a existência do eu recolhido em si mesmo, e este recolhimento rompe a sucessão indeterminada de pontos do tempo e introduz divisões. O eu, distinguindo, dessa maneira, suas impressões e seus atos, lembra-se de si mesmo, encontra-se a si mesmo, liberta-se do gênero de movimento e de mudança próprias às existências puramente exteriores.

Em conformidade com esse princípio, a duração de um som não se perde mais no indeterminado, ela tem um começo e um fim que são um começo fixo e um fim preciso. Mas agora, se diversos sons sucedem-se, e cada um em si contém uma duração diferente da dos outros, no lugar da primeira indeterminação *vazia* de sons introduz-se novamente uma *multiplicidade* arbitrária, e igualmente indeterminada, de quantidades particulares. Ora, esta diversidade desordenada contradiz ainda mais a unidade do eu que a simples uniformidade da sucessão contínua. O eu não pode se encontrar e satisfazer-se nessa variedade e nessa diversidade enquanto os intervalos de tempo isolados são guardados em *uma* unidade. E esta, ao mesmo tempo, para alinhar sob sua lei estas *particularidades*, deve ser ela mesma uma *unidade determinada*, ainda que, como simples identidade, possa conservar primeiramente um caráter puramente exterior.

Isto nos conduz a um modo de regularização mais avançado que se realiza na *medida*.

A primeira coisa a constatar-se aqui é que, como dissemos, as diferentes partes do tempo devem ser coordenadas em uma unidade na qual o eu reconhece sua identidade. Mas o eu não fornece a base senão como eu abstratamente idêntico a si mesmo, esta igualdade constante, quanto à sucessão contínua do tempo e dos sons, não pode manifestar-se em mover-se senão como uma igualdade abstrata, quer dizer, como *repetição uniforme* desta unidade temporal. Em conformidade com esse princípio, a cadência, em seu caráter simples, consiste em manter somente uma unidade determinada como medida e regra, às vezes, para marcar os intervalos na sequência outrora indiferenciada do tempo, e também para fixar a duração arbitrária de sons particulares, que, desde então, são reunidos em uma unidade determinada, e para deixar esta medida do tempo renovar-se de uma maneira matematicamente uniforme.

A medida cumpre, a esse respeito, na música, a mesma função que a regularidade na arquitetura, quando, por exemplo, colunas de uma altura equivalente e de uma espessura equivalente são colocadas a distâncias iguais, ou uma fileira de janelas que possuem uma grandeza determinada é regularizada segundo o princípio da igualdade. Aqui, ainda, é dada uma medida fixa e sua repetição inteiramente uniforme. Nesta uniformidade, o eu encontra a imagem de sua própria unidade; ele reconhece primeiramente sua própria igualdade como coordenação de uma multiplicidade arbitrária. Ao mesmo tempo, o retorno desta mesma unidade fá-lo lembrar de que ainda é dele que se trata, e que é ele mesmo que introduz essa medida na sucessão do tempo. O prazer que o eu encontra, pela medida, neste retorno mensurado, é tanto mais completo que a unidade e a uniformidade não provêm nem do tempo nem dos sons em si mesmos, que é alguma coisa que pertence ao eu, que é transportado dele ao tempo para sua própria satisfação. De fato, no mundo físico, esta abstrata identidade não é encontrada. Os próprios corpos celestes não possuem em seus movimentos esta exata uniformidade; eles aceleram ou desaceleram seu curso, de maneira que não percorrem em um tempo igual espaços iguais. Acontece o mesmo com o movimento da queda dos corpos quando são lançados, etc. O animal restringe ainda menos seu curso, seus saltos, a ação de agarrar, etc., a um retorno exato de uma medida determinada. A medida, a esse respeito, procede, a um nível ainda mais alto, do espírito que as grandezas regulares da arquitetura, para as quais se encontram analogias na natureza.

Pela medida, o eu faz então um retorno sobre si mesmo em meio da multiplicidade dos sons; ele reconhece sua própria identidade emanada de si; mas, para que a unidade determinada seja sentida como regra, é necessária a presença de um elemento desordenado e que careça de uniformidade; pois, é somente porque a precisão da medida doma e ordena a desigualdade arbitrária, que ela se revela como unidade e como regra da multiplicidade acidental. Ela deve então admiti-lo em si mesma, para fazer aparecer a regularidade na irregularidade. Aí está a única coisa que dá à medida musical seu caráter próprio, e a distingue das outras medidas do tempo que podem ser repetidas de uma maneira cadenciada.

Depois disso, toda reunião de sons, sujeita à medida, tem sua norma determinada, segundo a qual se divide e se ordena; o que engendra as diferentes espécies de medidas.

4. A Potência da Medida

Pelo elemento do som, o homem não é somente compreendido por este ou aquele lado particular de seu ser ou por um conteúdo determinado, é seu eu simples, o centro de sua existência espiritual, que é como elevado e colocado em movimento. Assim, por exemplo, nos trechos fáceis a seguir, cujo ritmo é bem marcado, temos prazer em marcar para nós mesmos a medida e a misturar nossa voz à melodia. Na dança, a música passa-nos de alguma maneira pelas pernas. Aqui, toda a pessoa é como levada a participar. Trata-se de uma simples ação que se deve executar com regularidade e que, por isso, ao executar no tempo torna-se rítmica, sem ter nenhuma outra significação, exigimos primeiramente uma manifestação dessa regularidade como tal, a fim de que esta ação perca para o sujeito seu caráter puramente objetivo. A seguir desejamos que esta regularidade preencha o máximo possível a alma. A música de acompanhamento apresenta estas duas vantagens. É assim que a música acompanha a marcha dos soldados; ela sustenta primeiramente o homem pela regularidade, pois ela o absorve nessa ocupação monótona enchendo sua alma de harmonia. É assim igualmente que a agitação confusa e irregular de uma mesa de hotel e a excitação desagradável que ela produz tornam-se suportáveis pela música. Essas idas e vindas, esse retinir de garfos e de vozes confusas, devem ser dominadas e regulados pela medida; esse também é um meio de preencher o tempo vazio quando os convivas não comem nem bebem.

IV. HARMONIA E MELODIA

1. Instrumentos e Voz

Primeiramente, é a direção linear que domina e que produz os verdadeiros instrumentos musicais, seja este uma coluna de ar sem solidez que, como nos instrumentos de sopro, fornece o elemento principal, ou uma corda bem estendida, e que portanto conserva também a elasticidade para poder vibrar, como os instrumentos de corda.

O segundo modo é aquele que afeta a forma de uma superfície. Todavia, oferece apenas instrumentos de um gênero inferior, como os pandeiros, os sinetes e o acordeão. Existe entre a subjetividade que se reconhece e os sons lineares uma secreta simpatia que faz com que a expressão dos sentimentos simples e profundos exija a vibração que ressoa de comprimentos simples no lugar de superfícies uniformes ou arredondadas. A alma que se exprime dessa maneira é o ponto espiritual; o som é apenas um eco físico...

Poderemos designar, em terceiro lugar, como o instrumento mais livre e mais perfeito por seu timbre, a voz humana, que reúne em si o caráter de instrumentos de sopro e instrumentos de corda, porque, por um lado, é uma coluna de ar que vibra, e, por outro lado, os músculos da voz cumprem a função de cordas que se faz vibrar fortemente. Já vimos em outro lugar, a respeito da cor da pele humana, que ela oferece uma unidade ideal de outras cores e que é assim a cor mais perfeita. Do mesmo modo, a voz humana contém um resumo do ideal dos sons dissimulados dos outros instrumentos e que assumem diferenças particulares. Por isso, ela é o som perfeito, e é isso que faz também com que ela se case com os outros instrumentos da maneira mais conveniente e mais bela. Ao mesmo tempo, a voz humana faz-se reconhecer como eco da própria alma. É o som que emana diretamente do interior, uma manifestação exterior da alma, que esta controla imediatamente. Nos outros instrumentos, pelo contrário, um corpo indiferente à alma e às suas sensações, estranho a ela por sua constituição, é colocado em vibração. Mas, no canto, é de seu próprio corpo que a alma retira os sons. Assim, a voz humana oferece em seu desenvolvimento tamanha diversidade e variedade tão numerosa que a maneira de sentir impressiona os indivíduos.

2. A MELODIA: SUA LIBERDADE

A MELODIA, em seu desenvolvimento livre, paira, na verdade, acima da medida, do ritmo e da harmonia. Por outro lado, no entanto, ela não possui outro meio de se realizar senão pelos movimentos rítmicos próprios e cadenciados dos sons, em suas relações essenciais e necessárias. O movimento da melodia está, então, contido nesta condição absoluta: ela não pode pretender uma existência à parte, independente da regularidade que lhe é ordenada pela natureza da própria coisa. Mas, neste estreito elo com a harmonia, a melodia não sacrifica, de nenhuma maneira, sua liberdade; ela se liberta somente do arbitrário e das fantasias da subjetividade, nos desenvolvimentos caprichosos do sentimento, suas bizarras modificações, e, por isso, ela adquire precisamente sua verdadeira independência. Porque a verdadeira liberdade não é oposta à lei como a uma potência estrangeira, e, por conseguinte, opressiva e tirânica. Esse princípio substancial é sua própria essência, ele reside nela e lhe é idêntico. Conformando-se às suas exigências, ela segue, por conseguinte, suas próprias leis e satisfaz sua própria natureza; de maneira que será afastando-se dessas regras que ela se afastará de si mesma e será infiel a si mesma. Por sinal, vê-se que por sua vez a medida, o ritmo e a harmonia considerados em si mesmos são apenas simples abstrações, que em seu isolamento não possuem nenhum valor musical, não podem obter uma verdadeira existência musical senão pela melodia e em seu seio, como momentos e aspectos da própria melodia.

V. FUNÇÃO PRÓPRIA DA MÚSICA

1. A EXECUÇÃO MUSICAL E COMUNICAÇÃO DA ALMA CONSIGO MESMA

UM ÚLTIMO ponto a ser considerado, na ação dos sons sobre a alma, consiste na maneira toda particular pela qual a obra musical dirige-se a nós em oposição às outras artes. De fato, visto que os sons não possuem, como um edifício, uma estátua, um quadro, uma existência objetiva permanente, eles desaparecem e dissolvem-se depois de ter ressoado um momento em nosso ouvido, a arte musical tem necessidade primeiramente, por causa desta instantaneidade, de uma *reprodução* incessantemente renovada. Mas esta reprodução tem ainda outro sentido mais profundo. Se é verdade, de fato, que a música tem por objetivo essencial exprimir a interioridade subjetiva, não sob uma forma exterior e como uma obra objetivamente presente, mas com seu caráter de intimidade subjetiva, esta manifestação sensível deve assim tomar a forma de uma comunicação que nos é feita por *uma pessoa viva,* a qual coloca sua alma inteiramente na obra que executa. É o que ocorre, sobretudo, com a voz humana e relativamente também já na música instrumental, que, no mais, não pode atingir sua perfeição senão quando o artista sabe unir a expressão à habilidade técnica.

2. A EXECUÇÃO, EXPRESSÃO DA ALMA LIVRE

O RUÍDO que os instrumentos produzem está longe da expressão da alma. Os sons que escapam permanecem, em geral, como algo um tanto exterior e carece de vida; enquanto a música é a expressão, o movimento e a atividade interiores da alma.

Ora, se este caráter exterior do instrumento desaparece totalmente, se a música interior penetra e vivifica todos os sons, então, nesta virtuosidade, o instrumento físico aparece como o órgão próprio da alma do artista, órgão perfeitamente apropriado e moldado para ela. Assim, recordo-me ainda de ter ouvido em minha juventude um virtuose do violão, que compunha para este medíocre instrumento uma grande música guerreira de mau gosto. Ele era, creio, tecelão de sua cidade; e quando falava, via-se que era um homem simples e ignorante; mas quando se punha a tocar, esquecia o mau gosto da composição e de si próprio. Ele tirava de seu instrumento sons maravilhosos, porque ali ele colocava toda sua alma; esta, de alguma maneira, não conhecia nenhum modo de execução mais elevado do que ressoar nesses sons ali produzidos.

Quando uma virtuosidade semelhante atinge seu ponto culminante, ela não somente revela a maestria extraordinária que exerce sobre o exterior, mas manifesta sua liberdade ilimitada no espetáculo que concede ela mesma tocando com dificuldades aparentemente insuperáveis, entregando-se a todas as excentricidades da arte, em suas brincadeiras, suas interrupções bruscas, suas fantasias e projeções e sabendo tornar agradável até o barroco pelas invenções originais; porque uma mente pobre não pode produzir nada de original. Entre os artistas de talento, pelo contrário, mil coisas originais provam sua incrível facilidade em dominar seu instrumento. Esta virtuosidade sabe superar os limites, e, como prova audaciosa desta vitória, fazer entender os sons de instrumentos estranhos. Nessa espécie de execução, experimentamos o mais alto grau de vitalidade musical, o segredo maravilhoso pelo qual o instrumento material torna-se um órgão perfeitamente animado; e assistimos, às vezes, à concepção íntima e à execução produzida por uma imaginação genial, em sua fusão instantânea em sua via rápida como o relâmpago.

3. A ALMA RECONCILIADA

As BELAS-ARTES, na escultura e na pintura, nos fazem contemplar por fora, em uma imagem visível, o que é o fundamento de nossa natureza espiritual; ao mesmo tempo, elas libertam o espírito desta forma exterior onde se contempla, mostrando nesta imagem de si mesmo sua própria criação; enquanto, por outro lado, nesta criação, nada foi abandonado à particularidade subjetiva da representação pessoal e da opinião, já que o sujeito é representado com sua perfeita individualidade e sob seus verdadeiros aspectos. Ora, a música, pelo contrário, como vimos várias vezes, possui, para produzir tal verdade de expressão objetiva, apenas o elemento subjetivo, o sentimento. De maneira que aqui a alma se reencontra unicamente consigo mesma. Nesta manifestação exterior em que o sentimento se exprime pelo canto, ela retorna a si mesma. A música é o espírito, a alma que canta imediatamente para sua própria conta, que se sente satisfeita no vivo sentimento que dá a si mesma. Mas como arte chamada a realizar o belo, a música tem outra função frente ao espírito. Seu dever é também moderar às vezes as aflições da alma e sua expressão, se ela quer, como uma bacante, ser envolvida no ruído desordenado e no tumulto turbilhonante das paixões, ou permanecer no dilace-ramento do desespero. Longe disso, nos transportes da alegria e da jovialidade como na mais profunda dor, a alma deve permanecer ainda livre e contente nos desabafos da melodia. Este é o caráter da verdadeira música ideal, da expressão melódica em Palestrina, Durante, Lotti, Pergoleze, Gluck, Haydn e Mozart. A tranquilidade da alma jamais se perde nas composições destes grandes mestres. O sofrimento não é menos expresso; mas ele se aniquila em uma harmonia interior. Uma clara medida impede cada movimento de se precipitar em algum extremo, e mantém todo o constantemente contido em uma forma bem ligada; de maneira que a alegria não se degenera jamais em ruidosas explosões e a própria queixa oferece ainda o apaziguamento mais feliz. Eu já disse, sobre esse assunto, ao falar da pintura italiana que, mesmo na mais profunda dor e maiores sofrimentos da alma, a conciliação íntima não devia ser perturbada. Em meio a lágrimas e sofrimento, devem ser conservados os aspectos da tranquilidade e de uma segurança contente. A dor permanece bela em uma alma profunda. Não acontece o mesmo com a alegria: a natureza concordou em distribuir principalmente aos italianos o dom da expressão melódica. Assim encontramos em sua antiga música eclesiástica, com a meditação religiosa em seu mais alto grau, o sentimento puro da serenidade interior, e, mesmo quando a dor domina o mais profundo da alma, a beleza e a felicidade, na grandeza simples de movimento calmo da imaginação na alegria de si mesmo traem-se sob milhares de formas variadas.

Assim, ainda que no elemento melódico o lado particular do sentimento não possa faltar, no entanto, uma vez que a paixão e a imaginação têm necessidade de desafogar-se livremente nos sons, a música deve elevar a alma, toda absorvida que ela está neste sentimento, elevá-la acima de si, fazê-la pairar acima de seu sujeito e criar-lhe assim uma região onde, liberta desta absorção, ela possa refugiar-se sem obstáculo no puro sentimento de si mesma. É isso que constitui, propriamente falando, o princípio cantante, o canto de uma música. Aqui, não é mais o desenvolvimento do sentimento particular em si, do amor, do desejo ou da alegria que é coisa principal; é a interioridade da alma que domina tudo, que floresce em sua dor como em sua alegria, e que alegra a si mesma.

{ II }

A Poesia

I. A POESIA COMO EXPRESSÃO PERFEITA DO ESPÍRITO

1. A EXPRESSÃO POÉTICA, SÍNTESE DA EXPRESSÃO PLÁSTICA E DA EXPRESSÃO MUSICAL

O TEMPLO da arquitetura clássica exige um deus que o habite. A escultura oferece a nossos olhos, sob os aspectos da beleza plástica, e, com as belas proporções que ela concede à matéria (empregada neste objetivo), ela nos mostra o espírito não em um símbolo estranho a ele, mas sob sua forma real e imanente. Todavia, a escultura, tanto por causa da materialidade de suas imagens como pelo caráter da genialidade ideal de suas representações, não pode expressar o princípio espiritual, às vezes, em sua natureza íntima e pessoal e nos atos particulares do drama da vida religiosa ou profana, da qual uma nova forma de arte, portanto, deve oferecer-nos o quadro.

Este modo de expressão, superior pela concentração íntima do pensamento e pela determinação dos caracteres, constitui, no círculo próprio das artes plásticas, o princípio da pintura. Esta, de fato, reduzindo a forma corporal a uma aparência menos material e à cor, faz da expressão da alma o centro da representação. Todavia, a esfera geral na qual estas artes movem-se, a primeira de acordo com o tipo simbólico, a segunda no sentido do ideal clássico, e a terceira em conformidade com o tipo romântico, é sempre a forma sensível do espírito e do mundo material.

Ora, o pensamento, como pertencendo essencialmente ao mundo interior da consciência, não encontra na aparência e no olhar que conhece a forma exterior apenas uma existência que lhe é mais ou menos estranha. A arte deve, então, libertar suas concepções e introduzi-las no domínio que, às vezes, pelos materiais e pelo modo de expressão, seja de uma natureza mais interior e menos material. Este é o passo que temos visto libertar a música, enquanto ela revela a interioridade como tal e a impressão subjetiva não por formas visíveis, mas pelas combinações harmoniosas do som que vibra ao ouvido. Mas ela é encontrada assim lançada em outro extremo, o de uma concentração subjetiva que não encontra nos sons senão uma manifestação do novo simbólico. De fato, o som tomado em si mesmo não exprime ideias.

Em seguida, ele se deixa ser determinado pelas leis dos números. Ora, o aspecto qualitativo do fundamento espiritual corresponde ainda, sem dúvida então, de uma maneira geral, a esta as relações de quantidade que se manifestam pelas diferenças, pelas oposições e harmonias, mas é sempre imperfeitamente expressa pelo som. Assim, como este aspecto não deve estar completamente ausente, a música, por causa de sua insuficiência, está obrigada a chamar em seu socorro a significação precisa da palavra, para especificar os pensamentos de seu sujeito e de dar-lhe uma expressão característica; ela exige um texto. Este só pode dar à alma que se expande para fora abandonando aos sons uma satisfação mais conforme sua natureza.

Graças a esta expressão de sentimentos e pensamentos, a música, na verdade, perde seu caráter de concentração abstrata; sua exposição é mais clara e mais firme, mas aqui seu trabalho próprio não é nem o desenvolvimento do pensamento pelo discurso, nem a sua forma artística, é sempre a expressão do sentimento que os acompanha. Frequentemente, também, a música liberta-se do concerto de palavras para mover-se livremente em seu próprio círculo, o dos sons. Assim, o campo da representação que, por sua vez, não pode permanecer nessa concentração abstrata do sentimento e precisa fazer nascer todo um mundo de realidades vivas, separa-se da música e dá a si uma existência consistente com a arte da *poesia*.

A *poesia*, a arte que emprega a palavra, é o terceiro termo, e, ao mesmo tempo, o todo que combina em si no mais alto grau, no campo do pensamento, os dois extremos formados pelas artes plásticas e pela música. De fato, a poesia contém, como a música, o princípio da percepção imediata da alma por si mesma, do qual carece a arquitetura, a escultura e a pintura. Por outro lado, ela se desenvolve no âmbito das representações e das impressões; e cria, assim, todo um mundo de objetos aos quais não falta, de todo, o caráter determinado das imagens da escultura e da pintura. Finalmente, mais do que qualquer outra arte, a poesia é capaz de expor um evento em todas as suas partes, a sucessão dos pensamentos e dos movimentos da alma, o desenvolvimento e o conflito das paixões e o curso completo de uma ação.

Mas devemos considerar mais especialmente a poesia como formando com a *pintura* e a *música* o terceiro termo na série das artes *românticas*.

Na verdade, primeiramente em virtude de seu caráter de espiritualidade, ela está livre de todo contato com a matéria pesada. Ela não quer moldar e coordenar para formar um edifício que lembre o espírito por suas formas simbólicas assim como faz a arquitetura; nem, como escultura, extrair das três dimensões da extensão uma figura natural que seja a imagem do espírito. Ela exprime imediatamente o espírito para o próprio espírito com todas as concepções da imaginação e da arte; e isso, sem as manifestar visível e fisicamente aos olhos sensíveis. Por outro lado, a poesia pode abraçar o mundo do pensamento como um todo, e aí incluir ao mesmo tempo todas as particularidades e os detalhes da existência exterior com uma riqueza que não pode alcançar nem a música nem a pintura. Mas ela pode também desenvolver separadamente traços singulares e particularidades acidentais.

2. A Poesia é realizada pelo indivíduo na récita

Onde procurar o apoio material da expressão poética? Eu preciso responder que a *palavra* não tem, como obra das artes figurativas, uma existência permanente, independente do artista. É o próprio *homem vivo*, é o indivíduo que fala que sozinho, é o agente pelo qual uma obra poética pode tornar presença sensível e realidade. As obras da poesia devem ser recitadas, cantadas, proferidas, em uma palavra, representadas por uma pessoa viva, como as obras da música. Temos, de fato, o hábito de ler os poemas épicos e líricos, ouvir peças dramáticas pela declamação com os gestos que as acompanham. Mas a poesia é, por sua própria natureza, essencialmente *falada*. Os sons da palavra não lhe devem faltar, este é o único ponto pelo qual ela entra em uma relação real com a existência exterior. De fato, se as letras impressas ou escritas são algo de exterior, eles são apenas sinais indiferentes para os sons e as palavras. Na verdade, consideramos acima as palavras, igualmente como simples sinais; mas a poesia, pelo menos, molda o elemento temporal, a duração destes sons e sua parte musical; ela produz assim materiais penetrados pela vitalidade espiritual do qual eles são os sinais. Enquanto um livro impresso é aos olhos apenas caracteres externos, em si mesmos indiferentes, e que não têm relação alguma com o pensamento, em vez de fazer ressoar as palavras ao ouvido em sua medida cadenciada.

II. PROSA E POESIA

1. A POESIA É ATENÇÃO AO PARTICULAR COMO TAL

A ARTE, em geral, gosta de deter-se no particular. O entendimento apressa-se em sua marcha rápida, seja porque ela abrange num olhar teórico a multiplicidade de detalhes, os submete aos pontos de vista gerais e os absorve em seus princípios e em suas categorias, seja porque os subordina para seus fins práticos determinados; de modo que o particular e o individual não obtêm mais seu pleno direito. Deter-se no que, por sua posição, tem apenas valor relativo, parece ao entendimento como inútil e desgastante. Mas, para a concepção e representação poéticas, cada parte, cada momento deve ser em si interessante e vivo.

O poeta detém-se então com complacência sobre os detalhes; pinta-os com amor e trata cada parte como um todo. Assim, por maior que seja o interesse principal e o sujeito cuja poesia é o centro de uma obra de arte, põe tanto mais cuidado em organizar cada parte. Assim é que, no organismo humano, cada membro, cada dedo, por exemplo, é organizado com tal perfeição, que constitui um todo em si mesmo; assim é que, em geral, na natureza, cada existência particular forma todo um mundo. O progresso da poesia é, portanto, mais lento do que os julgamentos e as conclusões do entendimento. Este último, em suas considerações teóricas, bem como em seus objetivos práticos, está mais preocupado, sobretudo, com o resultado final e menos com o caminho que deve percorrer.

2. A POESIA É EXPRESSÃO PURA

Não é a coisa em si e sua existência prática, mas a imagem e o discurso, que é o propósito da poesia. Esta começou quando o homem começou a expressar-se. O que é expresso, desse modo, está aí apenas para ser expresso. Se o homem, no auge da ação e do perigo, eleva-se até se recolher e se contemplar, e quer comunicar seus pensamentos, então escapa de sua boca uma expressão poética, um eco da poesia. Assim, para citar apenas um traço, encontramos um exemplo no dístico, preservado por Heródoto, que remonta à morte dos gregos caídos nas Termópilas. O fundamento é de simplicidade perfeita. Conta-se que quatro mil peloponésios lutaram contra 300 mil persas. Mas o interesse consiste em formar uma inscrição, em expressar o fato para os contemporâneos e para a posteridade; é o relato para o relato, e, portanto, a expressão é poética, quer dizer, que ela se revela como uma criação ($\pi o\iota\varepsilon\hat{\iota}\nu$) do espírito, deixando o fundamento em sua simplicidade e, no entanto, molda a expressão de propósito. A palavra que contém o pensamento é por si mesmo de alto valor, que procura distinguir-se de qualquer outro modo de discurso, e torna-se um dístico.

3. A POESIA É CONTEMPLAÇÃO PURA

Para fazer sair da atividade pessoal de seu gênio, mesmo no círculo estreito de um gênero particular ou de um dado sujeito, uma criação livre, que não parece determinada a partir do exterior, é necessário que o poeta esteja liberto de quaisquer preocupações práticas ou não, que ele contemple o mundo interior ou exterior com um olhar calmo e livre. Para o que é *natural*, podemos, a este respeito, louvar particularmente os poetas orientais. Eles têm acesso, sem esforço, a essa liberdade, que na própria paixão permanece independente da paixão, e, em meio à diversidade de interesses, mantém, como o centro da existência, o Ser frente ao que tudo parece pequeno e transitório, e que deixa mais espaço para a paixão e o desejo.

É uma forma de contemplar o universo, uma relação do espírito com as coisas deste mundo, que é melhor para a velhice do que para a juventude. Porque na velhice, sem dúvida, os interesses da vida ainda existem, mas não mais com a vivacidade ardente das paixões juvenis; mas sim como a forma de sombras. Objetos, portanto, prestam-se mais facilmente às condições do pensamento contemplativo necessários à arte. A opinião comum quer que a juventude, em sua ardente ebulição, seja o melhor momento para a produção poética; a esse respeito pode-se, sem dúvida, afirmar-se precisamente o oposto, e olhar para a velhice, desde que se saiba conservar a energia da intuição e do sentimento, como o tempo da maturidade. É ao velho Homero, a este velho cego, que são atribuídos estes poemas admiráveis que chegaram até nós sob o seu nome; e podemos também dizer a respeito de Goethe que, somente em idade avançada, quando seu gênio havia se libertado de todas as particularidades e limites, que ele produziu o que há de mais elevado.

4. Poesia é Figuração

Podemos dizer, em geral, que o caráter do pensamento poético é ser essencialmente *figurado*. Ela coloca diante de nós não a essência abstrata de objetos, mas sua realidade concreta, não os aspectos ocasionais da existência, mas uma aparência que apreendemos imediatamente e de maneira indivisa, por meio da forma exterior e individual, a essência: a representação é nos oferecida como um único e mesmo todo, o conceito da coisa e sua existência. Há aqui uma grande diferença entre o pensamento assim figurado e o que é revelado por outros modos de expressão. Ocorre aqui algo semelhante ao que acontece na leitura. As letras são apenas os sinais da linguagem falada; todavia, olhando para elas não precisamos ouvir seus sons, entendemos o que lemos numa única inspeção das palavras. Somente o leitor pouco exercitado necessita pronunciar os sons para compreender o sentido das palavras. Mas, o que aqui aparece como o efeito dessa falta de exercício é exatamente o que é belo na poesia e constitui a excelência da imagem poética. Pois a poesia não se contenta só da inteligência abstrata, ela evoca diante de nós os objetos enquanto não estão presentes em nosso espírito sob a forma de pensamento puro e da generalidade abstrata. Ela nos faz compreender a ideia em sua forma real, a espécie sob os traços de uma individualidade definida. Do ponto de vista do raciocínio lógico comum, a audição e a leitura, eu entendo imediatamente o sentido com a palavra sem ter de apresentar imaginação, ou seja, sem a sua imagem. Se pronunciarmos, por exemplo, as palavras "sol" ou "esta manhã", eu concebo perfeitamente o que me é dito, mas a manhã ou o sol não estão representados. Se, porém, leio num poeta: "Quando se eleva a Aurora aos botões de rosas", na verdade é a mesma coisa sendo expressa, mas a expressão poética dá algo a mais, uma vez que contribui para a compreensão da intuição do objeto compreendido; ou melhor, ela afasta a compreensão puramente abstrata, e coloca no lugar uma forma real e determinada. Pelo contrário, se alguém diz: "Alexandre conquistou o Império Persa", isto é, sem dúvida, em essência, uma representação concreta; mas o fato múltiplo expresso como *vitória* é reduzido a uma abstração sem figura, o que não nos coloca diante dos olhos nenhuma das façanhas de Alexandre. A mesma coisa ocorre para tudo que é expresso de uma maneira similar. Nós entendemos, mas permanece desbotado, cinzento, sem existência individual definida e concreta. A imagem poética, por conseguinte, nos oferece a riqueza das aparências sensíveis imediatamente com o interior e a essência da coisa, de maneira a formar um todo original.

O primeiro efeito resultante disso é o interesse pelo pensamento poético de demorar-se sobre a forma exterior como expressando a própria coisa em sua realidade, de fazer que seja considerada em si mesma como digna de atenção, e de dar-lhe importância. O pensamento poético, em geral, afeta, portanto, em sua expressão, a forma da *perífrase*. No entanto, este termo é impróprio; porque, em contraste com as fórmulas abstratas, familiares à nossa compreensão, estamos habituados a tomar por perífrases locuções que o poeta não considerou como tais. De modo que do ponto de vista prosaico, o pensamento poético pode ser considerado como um desvio e uma superfluidade. Mas, para o poeta, trata-se precisamente de deter-se com predileção sobre o pensamento, desenvolvendo a imagem do objeto real que ele quer descrever. Neste sentido, por exemplo, é que Homero dá a todos os seus heróis um epíteto, como: "Aquiles de pés ligeiros, os Aqueus bem calçados, Heitor, a pluma flutuante ao vento, Agamenon, o soberano dos povos, etc". O nome designa bem um indivíduo, mas como um simples nome, ele põe diante dos olhos apenas um conteúdo muito pobre. Daí, a necessidade de dados mais ricos que permitam uma ilustração definida. Da mesma forma, a outros objetos, que, no entanto, já por si mesmos, oferecem-se à vista, como o mar, um navio, uma espada, etc., Homero concede um epíteto semelhante, que compreende e representa uma qualidade essencial, uma imagem determinada, e que, por isso, obriga-nos a representar a coisa de uma maneira concreta e figurada.

5. Os versos

O pensamento poético não se reveste apenas de palavras, mas desenvolve-se em um discurso real, produz-se no elemento sensível da sonoridade das palavras. Esta nos leva à versificação.

O desenvolvimento artístico deste elemento sensível abre-nos, de fato e de certa forma, um novo domínio, uma nova região, onde podemos entrar somente abandonando a prosa da vida, os ares da ciência e os hábitos positivos do pensamento comum. O poeta, aqui, é forçado a mover-se para fora dos limites da linguagem ordinária e moldar a sua própria linguagem segundo as leis e as exigências da arte. Há, no entanto, uma teoria muito superficial que quer banir a versificação, de acordo com o princípio de que ela ofende o natural.

É falso dizer que a versificação seja apenas um obstáculo ao livre fluxo do pensamento. O verdadeiro talento, em geral, dispõe com facilidade de materiais sensíveis. Ele se movimenta como estando em seu elemento próprio e natural, que, ao invés de dificultar e oprimir, pelo contrário, eleva-o e carrega-o consigo. Assim, vemos, na realidade, todos os grandes poetas, na medida, ritmo e rima, que eles mesmos criaram, a andar livres e espontaneamente. É somente nas traduções que a imitação de semelhante métrica, assonância, etc. torna-se uma restrição e um tormento. Mas, para a poesia livre, a necessidade de buscar em todas as direções a expressão do pensamento, para fortalecê-la ou ampliá-la, dá ao poeta novas ideias, palavras felizes, invenções que, sem esta excitação, ela não teria alcançado. Todavia, independentemente desta vantagem relativa, repetimos, o elemento sensível na poesia, o som das palavras pertence, essencialmente, à arte e não deve permanecer sem forma e vago, já que se oferece e produz-se aleatoriamente na linguagem comum. Ele deve aparecer moldado de uma forma viva, e, embora na poesia isso seja apenas um meio exterior, ele deve ser considerado como um fim em si e, portanto, sujeito às regras da harmonia. Esta atenção condizente com o elemento sensível, aqui, como nas outras artes, torna a gravidade do fundamento menos urgente, o poeta e o ouvinte mais livres: eles, assim, acham-se transportados a uma esfera superior onde reina uma graça serena. Na pintura e na escultura, a forma, como limite sensível da extensão, já é dada ao artista pelo desenho e cor dos corpos, pedras, árvores, nuvens e flores. Na arquitetura, as necessidades e os fins para os quais se constroem os muros, paredes e telhados impõem igualmente uma regra mais ou menos determinada. A música, enfim, tem princípios semelhantes e fixos nas leis necessárias da harmonia; ao passo que na poesia, o som das palavras, em sua combinação, é em si mesmo substrato a toda restrição. A tarefa do poeta é introduzir neste desarranjo da ordem e dos limites sensíveis, bem como traçar contornos firmes e um quadro harmonioso para suas concepções, e contribuir, por esta sábia estrutura, à sua beleza sensível.

Assim como na declamação musical, o ritmo e a melodia devem harmonizar-se com o fundamento, do mesmo modo a versificação é também um tipo de música, que, embora de uma maneira menos precisa, faz ressoar obscuramente a marcha e o caráter definidos das representações. A este respeito, a medida do verso deve reproduzir o tom geral, a respiração espiritual de todo um poema. Portanto, é significativo que se tenha adotado, para a forma externa, por exemplo, iambos, troquéus, posições, estrofes alcaicas ou quaisquer outras.

III. OS PRINCIPAIS GÊNEROS POÉTICOS

A. A Poesia Épica
Expressão da Vida Nacional

1. Uma jovem civilização

O estado de civilização melhor convém e serve como pano de fundo para a epopeia, é o que já oferece para os indivíduos uma forma real e presente, mas de tal maneira que as personagens se identifiquem com ela de uma maneira viva e original.

As relações da vida moral, a coesão familiar, a da sociedade e de toda a nação na guerra e na paz já devem ter atingido certo estágio de desenvolvimento e perfeição, mas não a forma geral de princípios, deveres e leis, aos quais faltam a particularidade, a vida, a individualidade, capazes de afirmar-se mesmo contra a vontade individual. É preciso, pelo contrário, que esses princípios pareçam emanar do *sentido* de direito e de equidade, de costumes e do caráter próprio das personagens, que nenhuma razão abstrata, de forma positiva e prosaica, erija seus direitos diante daqueles do coração, não domine a consciência individual e a paixão, e não os submeta às suas leis. Assim, um estado regulado e organizado, com uma constituição e leis positivas, uma jurisdição que se estende a todos, uma administração completa, ministros, uma chancelaria de estado, uma polícia, etc., pode fornecer apenas uma base totalmente inadequada para o desenvolvimento da ação épica. As condições de uma moralidade objetiva já devem ser alcançadas, mas apenas por indivíduos que agem por si mesmos e por seu próprio caráter, em vez de receber sua realização de uma forma geral independente e regrada em si. Assim, encontramos, na epopeia, o conjunto substancial dos princípios que regem a vida e a atividade humana, mas, ao mesmo tempo, a liberdade de ação mais perfeita; e tudo parece emanar da vontade dos indivíduos.

2. Uma sociedade de homens livres

Em Homero, a imagem da vida doméstica e pública não nos oferece nem os costumes bárbaros, nem a simples prosa racional de uma sociedade doméstica e civil onde tudo é regulado e arranjado; é este ambiente de poesia emergente que já designei acima. Mas o ponto principal diz respeito à livre individualidade das figuras. Na *Ilíada*, por exemplo, Agamenon é o rei dos reis, os outros príncipes estão sob seu cetro; mas sua soberania não é um relacionamento frio de comando e obediência de mestre a servidores. Em vez disso, Agamenon deve estar cheio de respeito e comportar-se com cautela; porque os chefes particulares não são seus tenentes e generais, eles são tão independentes quanto ele. Eles se reuniram livremente em torno dele ou entraram na expedição por todo tipo de motivo. Ele deve consultá-los, e, se não se agradarem de segui-lo, ficarão como Aquiles, longe do combate. A livre participação, como a abstenção igualmente voluntária, pela qual se preserva inviolável a independência da individualidade, dá a todas as relações a forma poética. O mesmo acontece nos poemas de Ossian, no relato de Cid com os príncipes a cujo serviço o herói nacional da cavalaria romântica faz a guerra. Da mesma forma, em Ariosto e Tasso...

3. Heróis que trabalham

Homero não se detém muito nas cenas da natureza como gostam de fazer nossos livros; mas, por outro lado, é extremamente minucioso na descrição de um bastão, um cetro, uma cama, armas, roupas, batente de uma porta; ele não se esquece nem mesmo das dobradiças nas quais ela gira. Isto hoje parece-nos muito exterior e insignificante. Nossa cultura intelectual tornou-nos de uma delicadeza desdenhosa, num observador de uma infinidade de objetos e expressões. Estabelecemos toda uma hierarquia entre as diferentes formas de vestuário, móveis, etc. Além disso, nos tempos atuais, todo objeto destinado à satisfação de nossos desejos exige, em sua preparação ou execução, uma fabricação complicada e um trabalho manual extremamente dividido; de modo que cada detalhe resultante desta divisão perde sua importância, torna-se um tanto uniforme e subordinado do qual não fazemos caso algum. A existência do herói oferece, pelo contrário, uma simplicidade que conserva nas coisas e nas invenções sua originalidade. Assim, podemos parar para descrevê-las, porque elas ainda têm a mesma importância. O homem, que está constantemente, pelo seu modo de vida, voltado para suas ocupações materiais, que não vive em uma esfera puramente intelectual, dá valor a estes objetos; ele tira honra de sua habilidade, de sua riqueza, de seus interesses positivos. Matar o gado, acomodá-los, verter o vinho nas taças, etc., são as ocupações de heróis de si mesmos. Eles fazem disso um objetivo e um prazer; enquanto conosco um jantar, quando não o de cada dia tem que oferecer coisas raras e delicadas, e até mesmo não pode prescindir de retórica. As descrições detalhadas dos festins de Homero não devem parecer uma adição poética projetada a atender uma questão trivial em si mesma. Esta atenção prolongada caracteriza as próprias personagens e situações. Conosco, por exemplo, os agricultores remoem longamente sobre as coisas externas. Os cavaleiros sabem falar-nos com os mesmos detalhes sobre seus estábulos, seus cavalos, suas botas e suas esporas, etc., o que comparado a uma vida intelectual e mais nobre parece-nos indiferente ou vulgar.

4. Espírito nacional

Como a epopeia deve representar-nos um mundo especificamente determinado e que oferece um caráter original em todos os seus aspectos, é o mundo de um povo particular que deve se refletir nisso.

A este respeito, todas as epopeias primitivas oferecem-nos a imagem de um espírito nacional refletido na vida doméstica, nos costumes e nas relações sociais, na guerra e na paz, nas necessidades, artes, costumes, interesses, em suma, a expressão do pensamento de um povo sob todas as suas formas e em todas as suas modalidades. Assim, apreciar as obras épicas, estudá-las com cuidado e profundidade, não é nada menos que fazer passar diante de nossos olhos o espírito individual de cada nação. Juntas, essas epopeias são a história do mundo em sua bela e livre vitalidade, no frescor de seu desenvolvimento. Se se quiser, por exemplo, conhecer o espírito grego – e história grega – ou, pelo menos, a razão para as ações e gestos que completam sua origem, para constituir o drama de sua própria história, não se aprende de nenhuma outra fonte, de maneira tão viva e tão simples, senão em Homero.

O mundo nacional tem duas facetas: primeiramente o lado positivo, os usos específicos de tal povo, relativos a determinada época, à constituição física, à localização geográfica, ao clima, à configuração do país, a seus rios, às suas montanhas, às suas florestas e a toda a natureza circundante; em segundo, o lado substancial, o fundamento do pensamento nacional, tal como revela-se na religião, na família, na sociedade civil. Mas se uma epopeia primitiva deve ser e permanecer, como é necessário, a Bíblia, o livro verdadeiro e imortal de um povo, então o lado positivo da realidade passada não poderá reclamar um interesse vivo e duradouro tanto quanto os traços positivos do caráter nacional estarão em estreita harmonia com estes aspectos adequadamente substanciais, com as tendências subjacentes da nação.

5. Guerra e coragem

Considerando as coisas da maneira mais geral, o conflito que pode se oferecer como a situação mais conveniente para a epopeia é o *estado de guerra*. A guerra, na verdade, é toda uma nação em movimento, e que, em perigos comuns, revela uma inspiração e atividade juvenis, porque é a maior oportunidade que tem a totalidade nacional de responder a si mesma...

Este é o tema do *Ramayana*, da *Ilíada*, o mais rico do modelo deste gênero; dos poemas de Ossian, dos poemas de Tasso, dos de Ariosto e dos de Camões. De fato, na batalha, a *coragem* guerreira é o foco principal. Mas a coragem é uma qualidade da alma e um modo de atividade que não se presta bem nem à expressão lírica nem à ação dramática, enquanto convém eminentemente à representação épica. No drama, o que nos interessa mais é a força ou fraqueza *espiritual* das personagens, o lado patético das situações, a paixão boa ou má, enquanto na epopeia é o *natural* do caráter. Por conseguinte, a coragem, nas iniciativas nacionais, está em seu verdadeiro lugar, porque não é um ato moral ao qual a vontade decide por si só como um dever ditado pela consciência; é algo de inato e de natural que se alia muito bem com o lado espiritual, mas mais espontaneamente que com reflexão, e busca assim fins práticos que se deixam mais convenientemente descrever que eles não podem ser compreendidos na expressão de sentimentos e pensamentos líricos. Na guerra há façanhas e seus seguidores como a coragem: as obras da vontade e os acasos dos acontecimentos externos continuam, de alguma forma, entre si gerando um equilíbrio. No drama, no entanto, é inconcebível o evento simples, com seus obstáculos puramente exteriores, porque aqui o exterior não pode deter nenhum direito independente; ele deve derivar do objetivo que persegue as personagens e as intenções profundas que as fazem agir. O que faz com que, quando os acidentes introduzem-se no curso da ação e parecem determinar o resultado, eles devem ainda encontrar seu princípio e sua justificação no caráter íntimo e nos objetivos das personagens, bem como nos conflitos e em seu resultado necessário.

6. Herói épico e herói trágico

a) *Um poeta, um poema, um herói.*
A ação épica não pode alcançar a vitalidade poética enquanto está concentrada em *um único* indivíduo. Da mesma forma que *um único* poeta concebe e executa todo o poema, assim também *um único* herói deve estar à frente dos acontecimentos; estes devem ligar-se à sua pessoa, desenvolver-se e resolver-se por si... Há apenas indivíduos, quer homens, quer deuses, que podem realmente agir, e quanto mais identificam-se com os eventos, tanto mais terão o direito de atrair sobre si o interesse. Neste ponto de vista a poesia épica encontra-se sobre o mesmo terreno que a poesia dramática.

b) *O caráter: Aquiles.*
Uma consequência resultante da objetividade dos tipos épicos é que, primeiramente, quanto às figuras principais, eles devem oferecer uma totalidade de aspectos que tornam os homens completos; neles devem encontrar-se desenvolvidos todos os aspectos da alma e mais precisamente o sentimento nacional e a maneira de agir.

... O coração humano é grande e vasto. Na consciência de um homem verdadeiro, há espaço para vários deuses, ele contém em seu seio todas as potências que formam o círculo das divindades. Todo o Olimpo está reunido em seu peito. Nesse sentido é que um antigo disse: "Tu fizeste de tuas paixões muitos deuses, ó homem!"

O caráter deve então exercer a mesma riqueza. O interesse que nos prende a um caráter ou personagem nasce precisamente que o vemos desenvolver em si mesmo todo um conjunto de várias qualidades, e não obstante, apesar dessa multiplicidade, manter sua própria individualidade. Se, ao contrário, é representado como uma natureza não mais completa e, ao mesmo tempo, pessoal, mas abstratamente absorvida por uma única paixão, então aparece, ou como perversa ou como fraca e impotente.

Em Homero, por exemplo, cada personagem principal é um conjunto vivo e completo de qualidades que são, portanto, traços pelos quais se desenha seu caráter. Aquiles é o herói mais jovem, mas sua força juvenil não carece de nenhuma das qualidades humanas, e Homero desenvolve-nos esta rica multiplicidade nas situações mais diversas. Aquiles ama sua mãe Tetis, ele chora por causa de Briseis que lhe foi tomada, e sua honra ferida o envolve em uma desavença com Agamenon, desavença que se torna o ponto de partida para todos os eventos da *Ilíada*. Além disso, ele é o amigo fiel de Pátroclo e Antíloco, ao mesmo tempo, é o jovem de temperamento ardente e colérico, ligeiro, bravo, mas cheio de respeito pela velhice; o fiel Fênix seu servo e confidente está deitado a seus pés. No funeral de Pátroclo, ele mostra ao velho Nestor a mais alta veneração e concede-lhe as mais altas honras. Do mesmo modo, Aquiles mostra-se irritável e facilmente inflamável; consumido por uma sede de vingança, ele leva a crueldade ao inimigo ao nível da ferocidade, quando amarra o cadáver de Hector ao seu carro e arrasta-o três vezes em sua corrida em torno das muralhas de Troia. E ainda acalma-se quando o velho Príamo vem para encontrá-lo em sua tenda. Ele se lembra então de seu velho pai e estende, ao monarca que chora, a mão que matou seu filho. Vendo Aquiles, podemos dizer: "Eis um homem!"

Tal multiplicidade só pode dar vitalidade ao caráter, mas todos esses elementos devem aparecer reunidos e fundidos de maneira a formar um sujeito único, e não dispersos ou lançados ao acaso, e afetando apenas um grupo de diferentes tendências; isso seria como crianças que fazem um brinquedo temporário de todos os que caem em suas mãos, e, no entanto, é privado de caráter. O caráter deve penetrar a parte mais variada do coração humano, ali residir, preenchê-la, mas não permanecer, manter no meio deste conjunto de interesses propósitos, qualidades, particularidades diversas sua personalidade concentrada em si mesma e incapaz de contradizer-se.

c) *As figuras épicas e as figuras trágicas.*
Ora, o desenvolvimento de semelhante conjunto de qualidades, nas situações mais diferentes, é uma condição primordial para a representação dos caráteres épicos. As figuras trágicas e cômicas

da poesia dramática podem, de fato, também oferecer igual riqueza interior; mas como aqui, o interesse principal é o conflito que eclode entre uma paixão ainda exclusiva e paixões opostas, e que esta luta está contida nos limites mais estreitos, em uma palavra, como as personagens perseguem os fins mais limitados, tal variedade é uma riqueza senão supérflua, pelo menos acessória. Ela é reprimida e apagada, na representação, diante de uma paixão dominante, seus motivos e desenvolvimentos. Pelo contrário, na grande extensão do poema épico, todos os lados do caráter podem revelar-se. Isto é, em primeiro lugar, da própria essência do poema épico; em segundo, o herói épico, em virtude do estado geral do mundo, tem o direito de ser e fazer valer aquilo que é: ele vive em um daqueles momentos em que precisamente este *ser*, a individualidade imediata pode afirmar-se. Sem dúvida, pode-se, quanto à cólera de Aquiles, por exemplo, fazer valer esta sábia consideração moral, de que esta cólera produziu grandes males e desastres deploráveis e tirar daí um argumento contra a beleza e grandeza do caráter de Aquiles, dizer que este não poderia ser um herói e um homem perfeito, uma vez que sabia mostrar moderação em sua cólera e controlar a si mesmo. Mas Aquiles não tem culpa, e não basta perdoá-lo, por assim dizer, de sua explosão por suas outras grandes qualidades. Não, Aquiles *é* o que é; e é nessa condição que a coisa passa de uma maneira épica.

7. **A fatalidade épica**

Se no drama, as circunstâncias exteriores também possuem sua importância, entretanto, elas não adquirem, no entanto, valor senão pela vantagem que tiram da paixão e da vontade das personagens, ou pela maneira pela qual o caráter reage contra elas. Na epopeia, pelo contrário, as circunstâncias e os acidentes exteriores têm uma importância igual à vontade interior, e as ações humanas passam diante de nós como eventos exteriores que se produzem diante de nossos olhos. Eles dependem das circunstâncias, ou pelo menos o caminho está traçado previamente por estas. A personagem não age somente de uma maneira livre, de si mesma e para si mesma; ela se acha lançada no meio de uma enorme complicação de circunstâncias físicas e morais que fornecem uma base sólida à vida de cada indivíduo em particular. Este caráter deve ser conservado em todas as paixões, resoluções, iniciativas da epopeia. Parece, na verdade, que então a carreira está inevitavelmente aberta em todos os caprichos do acaso. No entanto, é, pelo contrário, a objetividade, a existência verdadeira que representa esta sucessão de eventos exteriores. Esta contradição desaparece, porque os eventos e a ação, em geral, são regidos pela *necessidade*.

Neste sentido, pode-se argumentar que na epopeia domina o *destino*, mas não como o entendemos ordinariamente, no drama. O caráter dramático, pela natureza de sua finalidade, a vontade de alcançá-la em situações dadas e plenas de conflitos, cria o seu próprio destino; enquanto, pelo contrário, para o caráter épico, é o resultado da força das coisas. Mas esse poder de circunstâncias que impulsiona à ação sua marcha particular, que dá ao homem sua sorte, que determina o resultado de suas ações, é a dominação propriamente dita do destino. O que acontece acontece dessa maneira, e acontece necessariamente. Na poesia lírica, o sentimento, a reflexão, o interesse pessoal, a melancolia fazem-se ouvir. O drama desenvolve diante de nossos olhos o direito interior da ação. Mas a poesia épica representa a existência geral em sua necessidade. Portanto, resta ao homem apenas seguir essa ordem fatal e necessária, de estar ou de não estar em harmonia com ele, e, então sofre seu destino como pode e como deve. O destino determina o que deve acontecer e o que acontece; e, como as próprias personagens são os caracteres plásticos, bem como os resultados, os êxitos ou infortúnios, a vida e a morte oferecem esse caráter. Porque o espetáculo que se desdobra diante de nossos olhos é, estritamente falando, o de uma grandiosa situação geral, na qual as ações e os destinos dos homens parecem ser algo de individual e passageiro. Esta fatalidade é também a justiça superior. Mas ela não é trágica no sentido dramático do termo que supõe que o homem aparece como *pessoa*; é no sentido épico, de acordo com o qual o homem aparece como julgado em seu *papel*. E, aqui, a Némesis trágica consiste em que a grandeza do *papel* seja tal que esmaga os indivíduos. Assim paira um tom de tristeza sobre o conjunto. Vemos o que há de mais glorioso logo perecer. Aquiles, em seu viver, lamenta se aproximar sua morte; e, no final da *Odisseia*, ele e Agamenon parecem-nos como mortos, sombras com a consciência de não ser mais do que sombras. Troia também cai; o velho Príamo é morto sobre o altar; as mulheres e as jovens são feitas escravas. Eneias fundará, obedecendo a uma ordem dos deuses, um novo império no Lácio. E os heróis vencedores retornam à sua terra natal por meio de mil infortúnios, para encontrar aí um final feliz ou infeliz.

8. O romance, épico moderno

É completamente diferente[5] do *romance*, da moderna epopeia burguesa. Aqui, pela primeira vez, aparece toda a riqueza e multiplicidade de interesses, situações, caráteres, relações da vida, o fundamento vasto de todo um mundo, assim como a representação épica dos eventos. O que falta ao romance, no entanto, é a condição geral, originalmente *poética*, do mundo, donde procede a verdadeira epopeia. O romance, no sentido moderno da palavra, supõe uma sociedade prosaicamente organizada, no meio da qual ele procura dar, na medida do possível, à poesia seus direitos perdidos, às vezes, quanto à vivacidade dos acontecimentos, das personagens e seu destino. Além disso, um dos conflitos mais comuns e mais adequados ao romance é o conflito entre poesia do coração e prosa das relações sociais e do acaso das circunstâncias exteriores. Esta discordância é resolvida quer trágica, quer comicamente, ou encontra sua solução nos caráteres, que primeiramente protestando contra a organização da sociedade, em seguida, aprendem a reconhecer o que ela tem de verdadeira e sólida, reconciliando-se com ela e participando da vida ativa, mas, ao mesmo tempo, anulando de suas ações e de seus negócios a forma prosaica, e, por isso, substituem por esta prosa uma realidade que está muito perto da beleza da arte. – Em termos de representação, o romance, propriamente dito, exige, também, como a epopeia, a pintura de todo um mundo e a imagem da vida, cujos numerosos materiais e o fundamento variado aparecem no círculo da ação particular que está no centro. Quanto às condições especiais da concepção e da execução, é preciso aqui dar ao poeta uma grande liberdade, porque é difícil para ele fazer entrar em suas descrições a prosa da vida real, sem por isso manter-se no prosaico e no vulgar.

---

5   [N. T.]: Hegel acaba de citar os poemas *descritivos* e *didáticos*, gênero misto que, apesar de um tom épico, tem algo de lírico.

B. A Poesia Lírica –
Expressão da Alma Individual

1. O lírico, o épico e o dramático

Na verdade, a escultura e a pintura colocam diante de nossos olhos a própria *coisa* em sua realidade visível, elaborada pela arte. Não ocorre o mesmo com a poesia: ela está limitada a evocar a imagem em nosso espírito, e a excitar na alma os sentimentos. Já, a este respeito, o que domina em sua esfera, mesmo nas obras em que concede mais de verdade sensível às suas pinturas, é o lado *subjetivo*. Assim, suas criações estão mais próximas do espírito do que as artes figurativas. Todavia, sendo a essência da poesia épica expor o sujeito, tanto em sua generalidade substancial, quanto como aparência viva, de uma maneira que se aproxima ainda dos processos da escultura e da pintura, o poeta, pelo menos no auge dessa arte, aniquila-se diante da objetividade do que produz. Para escapar dessa desapropriação, dessa alienação, é preciso, agora, que a alma integre em si mesma todos os objetos e relações exteriores, e que os permeie de seus pensamentos mais íntimos. Por outro lado, ela deve liberar os sentimentos concentrados em si mesma, abrir os olhos e ouvidos; e, em vez de fechar-se num sentimento mudo, torná-lo acessível à imaginação e à representação, dar voz e linguagem aos pensamentos e aos sentimentos dos quais ela está cheia. Ora, é precisamente por isso que este gênero de expressão é excluído da narração épica, onde somente as personagens e os eventos devem ocupar o palco, esta forma *subjetiva* de poesia tem tanto mais o direito de desenvolver-se em um círculo à parte, independente da epopeia. Quando, na verdade, o espírito, destacando-se dos objetos, enche-se de si mesmo, olha para sua própria consciência e satisfaz à necessidade que o solicita a representar-se, não a coisa em sua realidade exterior, mas a que está na impressão *subjetiva*, na experiência sentimental, na reflexão; em uma palavra, o fundamento de seu pensamento e os movimentos de sua vida íntima. Por outro lado, para que esta revelação da alma não seja confundida com a expressão acidental de sentimentos comuns, e que afete a forma do pensamento poético, é necessário que as ideias e as impressões que o poeta descreve, enquanto pessoais em si, conservem um valor geral, que eles sejam os sentimentos e as observações verdadeiras da natureza humana para os quais a poesia cria, de uma maneira vívida, uma expressão igualmente verdadeira.

Ao mesmo tempo, se a mera expressão de dor e de alegria alivia o coração, os desabafos da poesia lírica também podem fazer um serviço equivalente. No entanto, ela não se limita ao emprego deste meio vulgar; ela tem uma missão mais elevada: não a de livrar o espírito *do* sentimento, mas de o emancipar *no* sentimento. Na verdade, a dominação cega da paixão consiste em que a alma se identifica inteiramente com ela, a ponto de não ser mais capaz de separar-se dela, de não ser capaz de contemplar-se e expressar-se. Ora, a poesia liberta, na verdade, a alma desta opressão ao colocar diante de seus olhos sua própria imagem. Mas ela não se contenta em apenas retirar seu objeto e mantê-lo à distância; ela faz, ao mesmo tempo, de cada sentimento acidental um objeto purificado, no qual a alma livre retorna livre para si mesma em sua consciência libertada, e reencontra-se em si mesma. No entanto, esta primeira objetivação não pode chegar a representar a subjetividade do sentimento e da paixão em seu elo com a atividade e a *ação*, quer dizer, a alma reencontrando-se em sua atividade real. Assim, quando dizemos que ela sai e livra-se de si mesma, isso significa apenas que ela está livre dessa concentração imediata em que está, às vezes, privada de palavras e representações. Agora, abre-se à expressão de si mesma. O que ela precisava apenas provar, ela concebe e exprime sob a forma de imagens e de representações das quais é consciente.

Estas são a esfera e a tarefa da poesia lírica, e os pontos essenciais por onde difere-se da poesia épica e da poesia dramática.

2. O lírico requer uma civilização realizada

Para a era florescente da epopeia propriamente dita, exigimos uma sociedade ainda pouco desenvolvida, não ainda madura para a prosa da vida positiva. Pelo contrário, os momentos mais favoráveis à poesia lírica são aqueles em que as relações sociais receberam uma forma fixa e organização completa. Só então o homem enquanto indivíduo recolhe-se em si mesmo frente ao mundo exterior, e sai dele para concentrar-se em si mesmo, criar para si um conjunto de sentimentos e ideias independentes. Ora, viu-se, o que fornece à poesia lírica sua forma e seu fundamento, que estas são basicamente menos os próprios objetos e as ações representadas, que a alma do indivíduo.

Convém, no entanto, não entender tal coisa no sentido de que o poeta lírico deve destacar-se dos interesses e das ideias de sua nação para contar apenas consigo mesmo. Longe disso; porque, nesta independência abstrata, não haveria mais nada para servir como fundamento para suas obras senão alguma paixão acidental e particular, o arbítrio dos desejos e caprichos. Isso seria como abrir um livro cheio de falsas concepções de um espírito que se entrega à tortura para atingir a uma bizarra originalidade. Como toda verdadeira poesia, a poesia lírica deve expressar os verdadeiros sentimentos do coração humano. Mas, por mais sólidos e substanciais que sejam os objetos de que ela trata, para torná-los líricos, eles devem ser sentidos, concebidos, imaginados, ou pensados de uma maneira subjetiva ou pessoal. Em segundo lugar, não se trata somente, aqui, simplesmente de expressar a interioridade individual em si adaptando a primeira palavra que se oferece espontaneamente e que diz epicamente o que é a coisa, mas de criar uma expressão *artística* do sentimento *poético*, diferente da expressão ordinária. Por conseguinte, justamente por isso, em vez de manter-se concentrada em si mesma, a alma do poeta abre-se às impressões mais variadas e aos pensamentos mais vastos, em razão de que está consciente de seu sentimento poético em meio a um mundo já marcado de uma iniciativa prosaica, a poesia lírica requer, agora também, uma cultura intelectual e artística. Esta deve aparecer como o feliz resultado do trabalho pelo qual um talento natural exerceu e aperfeiçoou a si mesmo. Estas são as razões pelas quais a poesia lírica não está limitada a determinadas épocas no desenvolvimento intelectual de um povo. Ela pode florescer nas mais diversas épocas, principalmente nos tempos modernos, onde cada indivíduo atribui-se o direito de ter sua maneira de ver e de sentir.

3. Lirismo, tempo, prosódia

Que o hexâmetro em sua marcha uniforme e firme, embora vivo também, seja a medida do verso mais conveniente para a epopeia, é o que se concebe facilmente. Mas, para a poesia lírica, devemos exigir a maior variedade de métricas diferentes e a interior igualmente mais diversificada. Na verdade, o fundamento do poema lírico não é o objeto em seu desenvolvimento real e para si mesmo, mas o movimento interior do pensamento do poeta, cuja igualdade ou mudanças, a agitação ou a calmaria, o curso tranquilo ou a marcha impetuosa e os saltos repentinos, devem, também, manifestar-se no movimento exterior da medida e da harmonia das palavras, pelas quais revela-se a interioridade. A natureza dos sentimentos e todo o modo de concepção devem já trair-se na medida do verso; porque a inspiração lírica está em uma relação muito mais estreita com o *tempo*, como elemento exterior de comunicação verbal, que a narrativa épica. Essa, na verdade, não somente coloca os eventos reais no passado, mas os expõe e os desenvolve em um desdobramento mais espacial, enquanto a poesia lírica representa o surgimento instantâneo de sentimentos e representações, a sucessão temporal de seu nascimento e de seu desenvolvimento. Ela deve, portanto, também moldar artisticamente o movimento do tempo em suas formas variadas. – A essas diferenças respondem: em primeiro lugar, a sucessão variada de longas e breves em uma desigualdade quebrada de *pés* rítmicos; em segundo lugar, os diferentes *cortes;* e, em terceiro lugar, a formação de *estrofes* que, às vezes, a respeito das longas e breves, os versos e sua disposição rítmica ou de seu modo de alternar, podem oferecer uma rica variedade de formas.

C. A Poesia Dramática

1. A síntese dramática do épico e lírico

Embora o homem moral e sua interioridade sejam o centro da representação dramática, esta não pode ficar satisfeita com simples situações líricas, nem mesmo com o relato mais ou menos patético das ações passadas, ou da descrição de prazeres, pensamentos e sentimentos onde o homem permanece inativo. No drama, as situações são significativas e têm valor apenas pelo caráter individual e pelos fins a que persegue e que forma o conteúdo prático de sua personalidade. Os sentimentos determinados da alma humana tomam, portanto, no drama, o caráter de móveis internos, de paixões que se desenvolvem em uma complicação de circunstâncias exteriores que assim *se objetivam* e, portanto, fazem recordar a forma épica.

Mas esta ação exterior, em vez de realizar-se como um simples acontecimento, contém as intenções e os fins da vontade humana. A ação é esta mesma vontade posta em execução e que está ciente de sua origem assim como do resultado final. As consequências dos fatos refletem-se sobre o indivíduo e reagem sobre seu caráter e seus estados. Essa relação perpétua dos eventos com o caráter moral das personagens, que as explica, que forma o fundamento e a substância, é o princípio, estritamente falando, lírico, da poesia dramática.

Desta maneira, somente a ação aparece como *ação*, como desenvolvimento real das intenções e dos pensamentos das personagens que, na prossecução destes desígnios, colocam toda a sua existência naquilo que querem e naquilo em que se alegram ao mesmo tempo em que são responsáveis por tudo o que acontece por suas próprias ações. O herói dramático traz em si o fruto de seus próprios atos.

2. A linguagem teatral

Diderot, Lessing, Goethe e *Schiller,* quando ainda jovens, voltaram-se principalmente para o natural e o real... Como homens puderam falar entre si como falam as personagens nas tragédias gregas, e, sobretudo, nas peças francesas (nesse último caso a crítica tinha sua razão), o que lhes parecia contrário à natureza. Mas seu gênero natural poderia, por sua vez com facilidade, por outro lado, com seus recursos supérfluos, simplesmente reais, cair na secura e no prosaico. Os caracteres, então, não desenvolvem a substância de sua alma e suas ações, mas somente o conjunto de traços confusos que revelam imediatamente sua individualidade, sem ter uma consciência mais elevada de si mesmos e de sua situação. Quanto mais as personagens permanecem naturais, a esse respeito, mais elas se tornam prosaicas. Se a rudeza nasce de uma personalidade que se deixa levar, por falta de cultura, pelos primeiros movimentos da natureza, a polidez, no entanto, só opera sobre as generalidades banais e formas convencionais, relacionadas a propósito, com o devido respeito às pessoas, ao amor, à honra, etc., sem que, por isso, nada de verdadeiro e de sólido seja expresso. Entre esta generalidade toda formal e esta manifestação natural das particularidades de um caráter que conserva toda sua rudeza, encontra-se o geral no verdadeiro sentido, nem formal nem privado de individualidade, que nos satisfaz duplamente, pela determinação do caráter e pela natureza substancial e verdadeira dos sentimentos ou das paixões do coração humano. A verdade poética consiste, portanto, em remover do característico e do individual a realidade imediata, ao elevá-los à generalidade purificadora e a fazê-los se conciliar.

3. A tragédia

a) *Heróis trágicos e imagens dos deuses.*
O verdadeiro fundamento da ação trágica, quanto às metas que as personagens trágicas perseguem, está incluído no círculo das potências, em si mesmas legítimas e reais, que determinam a vontade humana. Estas são as afeições familiares, o amor conjugal, a piedade filial, a afeição paternal e maternal, o amor fraternal, etc. Do mesmo modo, as paixões e os interesses da vida civil, o patriotismo dos cidadãos, a autoridade dos chefes de Estado. Mais ainda, o sentimento religioso em si, porém não sob a forma de uma misticidade inativa e resignada, ou como divina consciência do bem e do mal postos no coração do homem, mas pelo contrário como zelo ardente pelos interesses e relações da vida real. Este é o valor que forma os verdadeiros *caráteres* trágicos. Eles são, portanto, o que podem e devem ser baseados em sua ideia. Eles não fornecem um conjunto completo de qualidades em desenvolvimento em diferentes direções de uma maneira épica. Embora em si vivos e individuais, eles representam unicamente a potência que levou esses caráteres determinados a identificar-se com algum lado particular do fundo substancial da vida. Nesta altura em que os meros acidentes da individualidade desaparecem, os heróis trágicos, sejam eles os representantes vivos desses poderes dessas potências substanciais da existência humana, ou sejam eles grandes e fortes em si mesmos em sua livre independência, estão, de alguma forma, colocados no nível das obras de escultura. Além disso, a esse respeito, as estátuas e as imagens dos deuses, por sinal de uma natureza mais abstrata, explicam muito melhor os grandes caráteres trágicos dos gregos que todas as notas e comentários.

b) *A vontade moral.*
Assim, podemos dizer, em geral, que a verdadeira questão da tragédia primitiva é o *divino*, não o divino tal como constitui o objeto

do pensamento religioso em si, mas tal como aparece no mundo e na ação individual, sem sacrificar o seu caráter universal e ver-se transformado no seu contrário. Sob essa forma, a substância divina da vontade e da ação é o elemento *moral*. Porque a moralidade, quando a compreendemos em sua realidade viva e imediata, não simplesmente do ponto de vista da reflexão pessoal como verdade abstrata, é o divino realizado neste mundo. É a substância eterna, cujos caráteres, às vezes, particulares e gerais, constituem os principais motivos da atividade verdadeiramente humana. Na ação eles se desenvolvem e realizam sua essência.

Ora, em virtude do princípio da particularização à qual está sujeito tudo que se desenvolve no mundo real, as potências morais que constituem o *caráter das personagens* são, em primeiro lugar, diferentes quanto à sua essência e sua manifestação individual. Além disso, se essas potências particulares, conforme exigido pela poesia dramática, são chamadas a agir abertamente, a realizar-se como objetivo específico de uma paixão humana que entra em ação, seu acordo é destruído, eles entram em luta uns contra os outros, sua hostilidade eclode de diversas maneiras. A ação individual deve representar, em certas circunstâncias, um objetivo ou um herói principal. No entanto, nestas condições, esta especificamente, porque está isolada em sua determinação exclusiva, levanta necessariamente contra ele a paixão oposta, e, assim, engendram-se conflitos implacáveis.

A tragédia, originalmente, consiste em que, no círculo de tal conflito, os dois lados opostos, tomados em si mesmos, têm cada um a *justiça* para si. Mas, por outro lado, não podem alcançar o que há de verdadeiro e positivo em sua finalidade e seu caráter como negação e *violação* da outra potência igualmente justa, eles se encontram, apesar de sua moralidade ou antes por causa dela, e são levados a cometer falhas.

Já indiquei anteriormente a razão para este conflito. Ora, ao entrar na realidade ele não pode manter-se como o fundo substancial e verdadeiro da existência real: ele se justifica e se legitima apenas sendo absorvido como uma contradição. Assim, tanto é legítimo o fim e o caráter trágico, quanto é necessário o resultado desse conflito. Por isso, e de fato, a justiça se exerce eterna sobre os motivos individuais e as paixões dos homens. A substância moral e sua unidade são restabelecidas pela destruição das individualidades que perturbam seu repouso. Pois, embora os caráteres proponham-se um objetivo legítimo em si mesmo, eles não podem, no entanto, realizá-lo senão violando outros direitos que se excluem e se contradizem.

Assim, o princípio realmente substancial que deve ser realizado não é a luta de interesses particulares, embora esta encontre sua justificação na ideia do mundo real e da atividade humana; é a harmonia na qual as personagens, com suas finalidades específicas, agem de acordo, sem violação ou oposição. O que, no resultado trágico, é destruído, é apenas a particularidade *exclusiva*, que poderia acomodar-se a essa harmonia. Mas então (e é isso que causa a tragédia de suas ações), incapaz de renunciar a si mesma e a seus projetos, ela se vê condenada a uma ruína total, ou pelo menos é forçada a renunciar, como puder, à realização de seus propósitos.

c) *A verdadeira piedade e o verdadeiro terror.*
A este respeito, Aristóteles tinha razão em fazer consistir o verdadeiro efeito da tragédia no que deve excitar o *terror* e a *piedade* pela *purificação.*

Não cabe a uma obra de arte representar senão o que se dirige à razão, o verdadeiro que concebe o espírito. Nesta frase de Aristóteles, não devemos, no entanto, deter-nos ao simples sentimento de terror e de piedade, mas ao que forma a *base* essencial do espetáculo, cuja manifestação, de acordo com a arte, deve purificar estes sentimentos. O homem pode sentir-se assustado diante da potência do visível e do finito, como pode também tremer diante da potência do infinito e do absoluto. Mas, o que o homem deve realmente temer, não é a potência material e sua opressão, mas a potência moral que é uma destinação de sua livre razão, e, ao mesmo tempo, a eterna e inviolável potência que se levanta contra ele quando ele se volta contra ela.

Como o terror, a piedade tem dois objetos. O primeiro diz respeito à emoção comum, quer dizer, à simpatia pela miséria e sofrimento alheios, impressão toda negativa e finita. As mulheres em cidades pequenas são particularmente suscetíveis a compaixão semelhante. Mas o homem de uma alma nobre e grande não quer ser movido e tocado por tal piedade. Porque uma vez que o aspecto insignificante da infelicidade é apenas mostrado, há uma diminuição do infortúnio. A verdadeira piedade, pelo contrário, é a simpatia pela justiça da causa e do caráter afirmativo e moral do sofredor. Não é um ser vulgar ou um miserável que pode nos inspirar este tipo de compaixão.

Assim, do mesmo modo que o caráter trágico difunde em nossas almas o temor que excita uma potência moral ofendida, do mesmo modo também, para que desperte em seu infortúnio uma simpatia trágica, é preciso que seja em si substancial e bom. Porque há apenas um interesse verdadeiro que se direciona ao nobre seio do homem e o comove em suas profundezas. Por conseguinte, não devemos confundir o interesse que excita o desfecho trágico com a tola satisfação que consiste em que uma história triste, um infortúnio enquanto tal, deve despertar o nosso interesse. Os males desse gênero podem chegar ao homem sem sua participação e sem sua culpa, por simples conjunturas, acidentes exteriores e circunstâncias naturais, por doença, perda de bens, morte, etc. O interesse genuíno que se deve exigir de nós a este respeito é apenas o zelo para fugir dos infortúnios e ameniza-os. Se não fizermos isso, a imagem destes sofrimentos e destes infortúnios será desoladora. Um verdadeiro sofrimento trágico, no entanto, não é atribuído aos indivíduos que agem segundo suas próprias ações, às vezes legítimos e culpados por seus conflitos, incluindo ações pelas quais eles têm inteira responsabilidade.

Acima do simples terror e da simpatia trágica paira, no entanto, o sentimento de harmonia que a tragédia mantém deixando entrever a justiça eterna que, em sua dominação absoluta, despedaça a justiça relativa dos fins e das paixões exclusivas.

d) *Coro e personagens.*

Mas se o reino das potências morais deve manifestar-se como a base substancial da tragédia, se for esse o terreno sobre o qual se desenvolve a ação individual, em sua divisão e em seu retorno à unidade, temos de distinguir, a este respeito, duas formas necessárias.

O coro é o elemento moral da ação heroica, sua própria substância; assim como, em contraste com os heróis que estão em cena, ele representa o povo. É o solo fértil em que as personagens crescem e elevam-se, como acontece com as flores e as árvores que crescem apenas no terreno que lhes é próprio e natural. O coro pertence essencialmente a esta época onde as leis civis, uma jurisdição firmemente estabelecida, dogmas formulados, não regem ainda o desenvolvimento da liberdade individual, onde os costumes ainda aparecem em sua realidade viva, e onde o equilíbrio da vida social permanece, mesmo assim, suficientemente garantido contra as colisões terríveis às quais a energia dos caráteres heroicos deve enfrentá-las. No entanto, existe um refúgio seguro contra estas tempestades, e isso o coro faz sentir; e faz passar sua segurança à alma do espectador.

Assim, ele não toma realmente parte da ação, não faz valer nenhuma reivindicação diretamente contra as personagens; limita-se apenas a expressar seu parecer de uma maneira puramente teórica. Ele as alerta, apieda-se de seu destino, ou ainda invoca as leis divinas e as potências da alma, que a imaginação representa como formando o círculo das divindades superiores.

Na expressão de seus sentimentos, como já vimos, é lírico; mas o fundamento de seus cantos conserva igualmente o caráter épico, por causa das verdades gerais e substanciais que o constituem. Assim, ele afeta a forma lírica, que, ao contrário da ode, pode, às vezes, aproximar-se mais do hino e do *ditirambo...*

Em contraste com o coro, as *personagens* da ação e os *conflitos* que cometem entre si. Nas tragédias gregas, de modo algum a vontade perversa, os crimes, a baixeza ou simplesmente o infortúnio e a cegueira das personagens é que dão origem aos conflitos. É, como já disse várias vezes, a justificação moral de um determinado ato. Porque a perversidade pura não tem nenhuma verdade em si mesma, nem nos causa qualquer interesse. Não imagine que basta ter dado a essas personagens alguns traços morais do caráter. Não, o direito que elas perseguem deve ser sólido e verdadeiro. Os tribunais criminais, como no drama atual, as mortes desnecessárias ou, como são chamadas, morais e nobres, com a conversa fiada sobre a fatalidade, o destino, etc., também encontram pouco espaço na tragédia antiga salvo na resolução e na ação fundadas sobre os interesses particulares e o caráter individual, sobre a ambição, o amor, a honra ou outras paixões, cuja justificação só pode provir dos vícios e da personalidade.

Ora, tal resolução, justificada pela natureza de sua finalidade, quando passa à execução, envolve a personagem em um curso exclusivo. Esta, lançada em meio a circunstâncias determinadas que trazem em si a possibilidade de diversos conflitos, viola outro princípio igualmente moral da vontade humana, que uma personagem contrária manterá por sua vez como sua paixão real, e então irá reclamar direitos reagindo contra a primeira. O conflito de poderes morais, igualmente fundados no direito, e personagens que os representam é assim perfeitamente justificado.

e) *Heróis trágicos.*

Os heróis trágicos são, ao mesmo tempo, inocentes e culpáveis. Se aceitarmos que o homem é culpado apenas quando uma escolha é-lhe apresentada e que ele resolve livremente o que executa, as antigas figuras plásticas são inocentes. Elas agem em virtude de seu caráter, em virtude de sua própria paixão, porque não há nelas nenhuma indecisão, nenhuma escolha. Esta é, precisamente, a força desses grandes caráteres de não escolher, de ser em toda parte e sempre eles mesmos inteiramente aquilo que querem e o que fazem. Eles são o que são, e isso eternamente, e nisso repousa sua magnitude. Porque a fraqueza, na ação, consiste apenas nesta separação entre a pessoa como tal e seu objetivo, de modo que o caráter, a vontade e o propósito não parecem sair absolutamente da mesma fonte. Porque nenhum propósito fixo vive em sua alma, e não se forma como a substância de sua própria individualidade, a personagem pode, em sua indecisão, voltar-se tanto para um lado, como para o outro, e decidir-se de acordo com a sua vontade arbitrária. Ora, essas incertezas são as que existem de mais distante das figuras plásticas. O elo que une a subjetividade e o objeto persegue sua vontade e permanecem para ela indissolúveis. O que os leva a agir é precisamente seu motivo[6] moralmente legítimo. E esse não se faz valer pelos longos discursos da retórica sentimental, nem pelos sofismas da paixão. Ele se expressa em uma linguagem sólida e verdadeira, cheia de arte, portanto, de profundidade e de medida, de uma beleza plástica e vibrante, cujo estilo de Sófocles é o modelo. Mas, ao mesmo tempo, o sentimento que os anima, esta semente de conflitos, leva-os a ações culpáveis e fá-los cometer crimes. Ora, nessas ações, eles não querem ser um

---

6   [N. T.]: *Motivo* traduz aqui a palavra *Pathos* que Hegel declara ser difícil de traduzir: é o valor moral, o princípio justo ou a boa ação, que o herói leva em seu *coração*. Essa seria a *paixão* – diz Hegel – sem a ideia de algo vil ou desprezível. Por exemplo: o amor sagrado de Antígona para com seu irmão. Ou ainda "Orestes não mata sua mãe por um desses movimentos da alma que chamaríamos de paixão, mas o *pathos* que o leva a esta ação é um motivo não menos iluminado do que legítimo".

pouco inocentes. Longe disso, o que eles fizeram é a sua glória por terem feito. A um herói não poderíamos fazer-lhe maior insulto do que dizer que ele agiu inocentemente. É honra para estes grandes caráteres serem culpados. Eles não querem mover a compaixão ou excitar a piedade; porque isso não é força de alma, é o regresso da pessoa a si mesma que faz simpatizar-se com seus sofrimentos. Para eles, seu caráter firme e forte é um tanto com sua desgraça como com sua paixão, e deste acordo indestrutível nasce em nossa admiração, não a emoção, mas o patético que já em *Eurípides*, marca a transição para um período de decadência.

f) *Caminhos trágicos: Shakespeare.*

Na tragédia antiga, é a eterna justiça que, como potência absoluta do destino, preserva e mantém o acordo da substância moral e das potências particulares, porque estas se combatem apenas porque estão separadas. Graças ao seu caráter racional ela nos satisfaz pelo espetáculo de personagens que estão perecendo. Agora, se semelhante justiça aparece na tragédia moderna, por causa da personalidade dos objetivos e dos caráteres, ela se revela de maneira mais abstrata. Ou ainda, como a perversidade é maior e como os crimes que as personagens veem-se forçadas a cometer para concluir seus projetos são mais reflexivos, ela é de uma natureza fria e mais próxima do crime. *Macbeth*, por exemplo, os filhos mais velhos do Rei *Lear* e suas esposas, o *presidente* em *Intriga e Amor*, Ricardo III, etc., não merecem, pela sua crueldade, nada melhor do que o que já acontece com eles. Este resultado geralmente ocorre de maneira que as personagens rompem com esse poder, embora queiram atingir seus objetivos. É assim, por exemplo, que *Wallenstein* chega a romper contra a solidez da potência imperial.

Ora, da subjetividade dos caráteres resulta essa necessidade de que as personagens também devem se mostrar conciliadas com seu próprio destino individual. Às vezes, esta conciliação é *religiosa*, em que a alma tem o sentido de uma elevada e inalterável felicidade, assegurada contra a destruição de sua individualidade terrestre. Outras vezes, é de um gênero mais formal, mas mais positivo: é quando o homem mantém, sem ceder, até à morte, a força e a igualdade de seu caráter, em uma palavra, sua liberdade pessoal, e que, apesar dos acontecimentos e dos golpes de sorte, ele conserva sua energia imperturbável. Às vezes, enfim, realiza-se de uma maneira mais verdadeira quando a personagem experimenta um destino cruel, mas de acordo com suas ações.

Por outro lado, o desfecho trágico pode revelar-se simplesmente como resultado de circunstâncias infelizes e acidentes exteriores, que poderia muito bem voltar de outro modo e ter um final feliz.

Tal resultado pode mover-nos muito, no entanto, não é mais capaz de produzir o terror, ele nos parece monstruoso, e exige imediatamente que os acidentes exteriores entrem em acordo com o que é consistente com a natureza íntima e própria desses belos caráteres. É, por exemplo, dessa maneira que a morte de *Hamlet* e de *Juliet*a não nos revolta e a paz é restabelecida em nossa alma. Tomada exteriormente, a morte de Hamlet parece vingada acidentalmente pela luta com *Laertes* e a troca de espadas. No entanto, se considerarmos os méritos do caráter de Hamlet, a morte está presente desde o início. O banco de areia da existência finita não o satisfaz. Com essa melancolia e essa fraqueza, com essa tristeza profunda, este desgosto de todos os estados da vida, sentimos que, em meio ao círculo de circunstâncias terríveis em que é colocado, não passa de um homem perdido que uma profunda saciedade já quase o consumiu, antes que a morte venha de fora sobre ele. Acontece a mesma coisa com *Romeu* e *Julieta*. O solo sobre o qual lançaram estas ternas flores não lhes convém mais...

g) *As forças do mal não são tema para a arte.*

O que é puramente negativo só pode figurar na representação ideal da ação como causa essencial da reação. Se a ideia, o objetivo é algo de nulo em si mesmo, a feiura do fundamento permitirá menos ainda uma beleza pura na forma. A sofística das paixões poderia muito bem, por uma verdadeira imagem do talento, da força e da energia do caráter, tentar representar o falso sob as cores da verdade, mas ela nos coloca diante dos olhos apenas um sepulcro caiado.

4. A comédia

a) *O cômico e o ridículo.*

O *risível* é muitas vezes confundido com o *cômico* real. Todo contraste entre o conteúdo e a forma, a finalidade e os meios, pode ser risível. É uma contradição pela qual a ação destrói a si mesma e o objetivo anula-se ao realizar-se. Mas, para o cômico, devemos exigir uma condição mais profunda. Os vícios do homem, por exemplo, não têm nada de cômico. A sátira, que narra, com cores fortes, o quadro do mundo real em seu contraste com a virtude, dá-nos evidências claras. O disparate, a extravagância, a inépcia, tomadas em si mesmas, não podem mais ser cômicas, embora façam, por vezes, rir.

... O que caracteriza o cômico, no entanto, é a satisfação infinita, a segurança que se experimenta de sentir-se elevado acima de sua própria contradição em vez de ver uma situação cruel e infeliz. É a felicidade e a satisfação da pessoa que, segura de si mesma, pode suportar ver ecoar seus planos e sua realização. O motivo estrito e austero é o meio capaz, precisamente onde, em sua satisfação própria, é a mais risível para os outros.

b) *A comédia antiga.*
Deve-se distinguir se as personagens são cômicas para si mesmas ou apenas para os espectadores. O primeiro caso somente deve ser considerado como o verdadeiro cômico e este é o gênero em que se destacou Aristófanes. No entanto, deste ponto de vista, uma personagem é cômica apenas enquanto não considera para si mesma a seriedade de seu propósito e sua vontade. Essa seriedade então destrói a si mesma. Na verdade, a personagem não pode abraçar nenhum interesse geral importante, capaz de jogá-la em um conflito sério; e, quando compreende tal interesse, deixa ver somente seu caráter, que, quanto à própria coisa, tem pouco e o que tem reduz a nada o que parece querer realizar. De maneira que finalmente a iniciativa não parece séria.

O cômico, por conseguinte, encontra-se logo nas condições inferiores da sociedade, entre os homens simples, que são, afinal, o que são, e que, incapazes de qualquer grande paixão, não colocam, portanto, a menor dúvida no que são ou no que fazem. Mas, da mesma maneira, eles se manifestam como naturezas elevadas, pela simples razão de que eles não estão ligados seriamente às coisas finitas nas quais estão engajados, eles se elevam acima e diante de decepções e desacordos da vida, permanecem firmes e seguros de si mesmos. Essa região da liberdade absoluta do espírito, que, em tudo o que o homem empreende, é consolado antes em sua serenidade interior e pessoal, eis o mundo ao qual nos introduz Aristófanes.

c) *A comédia moderna.*

Onde os disparates e tolices das personagens são ridículos apenas para os outros, ou o são, ao mesmo tempo, para as próprias personagens; em suma, as figuras cômicas são apenas para os espectadores, ou também para seus próprios olhos. *Aristófanes*, o comediante de verdade, tinha feito deste caráter somente a base de suas representações. No entanto, mais tarde, já na comédia grega, mas especialmente em *Plauto* e *Terêncio*, desenvolve-se a tendência oposta. Na comédia moderna, essa domina de tal modo, que uma série de produções cômicas caem assim na simples piada prosaica, e até mesmo tomando um tom acre e repulsivo. *Molière*, em particular, nessas suas comédias refinadas, que não são em nada simples, enquadra-se neste caso. O prosaico, aqui, consiste em que as personagens levam a sério seu objetivo com uma espécie de amargura. Elas não perseguem com todo o ardor da seriedade. Além disso, quando, no final ficam desapontadas ou desbaratadas por sua culpa, elas não podem rir como os outros, livres e satisfeitos. Elas são apenas objetos de um riso estranho, ou a maior parte do tempo maltratadas. Assim, por exemplo, o *Tartufo* de Molière, este falso devoto, verdadeiro vilão que se trata de desmascarar, não é agradável. A ilusão de Orgon, enganado, chega a produzir uma situação tão dolorosa que, para suportá-la, é preciso de um *deus ex machina*...

Da mesma forma, os caráteres sustentados, como *O Avarento* de Molière, por exemplo, mas cuja ingenuidade absolutamente séria, em sua paixão limitada, não permite à alma superar essas limitações, não têm nada, estritamente falando, de cômico.

5. O cômico e o trágico

Na tragédia, as personagens consumam sua ruína como resultado do caráter exclusivo de sua determinação, de seu caráter enérgico, ou ainda devem resignar-se em admitir ao que elas são essencialmente opostos. Na comédia que nos faz rir de pessoas que fracassam em seus próprios esforços e por seus próprios esforços, parece, no entanto, o triunfo da subjetividade apoiando-se fortemente em si mesma.

...O *cômico*, de fato, como vimos, é em geral, a subjetividade, que entra em contradição com suas ações e as destrói por ela mesma, mas não permanece calma e segura de si mesma. A comédia tem, então, por base e por princípio aquilo pelo qual a tragédia pode acabar, ou seja, a serenidade da alma absolutamente em paz consigo mesma, que, mesmo quando destrói sua vontade pelos mesmos meios que ela emprega e mina-se, não perde seu bom humor por ter realizado o propósito oposto ao que ela se propôs.

Mas, por outro lado, a segurança da alma não é possível na medida em que os objetivos e também os caráteres, ou não contêm em si nada de substancial ou tendo em si algo de sólido e veradeiro, são impelidos e envolvidos no objetivo de uma maneira absolutamente oposta e desprovida de verdade. Por isso, é sempre trivial e indiferente em si que é destruído, enquanto a pessoa permanece em pé e não é abalada.

6. Falta de poesia dramática no Oriente

Por mais distante que tenha estado a poesia Oriental da epopeia e também de alguns gêneros da poesia lírica, a visão de mundo Oriental não permitiu um verdadeiro desenvolvimento da poesia dramática. Para que a verdadeira ação trágica seja possível, é necessário que o princípio da liberdade e da independência individuais seja despertado. É preciso que o homem saiba tomar por si mesmo uma livre determinação, que assuma a responsabilidade por suas ações e suas consequências. Esta consciência da livre subjetividade e de seus direitos deve ser manifestada em um nível mais elevado para que a comédia possa aparecer.

Ora, isto é o que não ocorre, nem para uma, nem para outra, no Oriente. Em particular, a grandiosa sublimidade da poesia maometana, ainda que, a esse respeito, a independência pessoal possa já revelar-se vigorosamente, permanece, no entanto, muito longe de toda tentativa de expressar-se de uma maneira dramática: a potência do Ser único submete toda criatura com um caráter demasiado absoluto; ela decide o destino do homem em uma sucessão de eventos fatais. Portanto, a justificação da ação particular de um indivíduo, assim como a subjetividade concentra-se em si mesma, não poderia reivindicar seu lugar como exigido pela ação dramática. Além disso, a submissão do homem à vontade de Deus permanece, precisamente, na religião maometana, tão absoluta quanto a potência dominante que reina sobre todos os seres é mais abstratamente universal e não deixa surgir diante de si nenhuma individualidade.

7. Da arte simbólica à comédia

Começamos com a arte *simbólica*, onde o espírito individual busca, em vão, encontrar-se e manifestar-se, às vezes, na substância e na forma, passamos, em seguida, à arte *clássica*, que representa para nós o princípio substancial das coisas tendo tomado consciência de si mesma na individualidade viva; e terminamos com a arte *românica*, que distingue a profundidade e intimidade dos sentimentos da alma, a subjetividade absoluta, livre em si e movendo-se livremente em si mesma. Vimos esta impelir essa libertação e essa necessidade de satisfazer-se em si mesmas até separar-se do verdadeiro e do real no que se pode chamar de *humor* da comédia. No entanto, neste ponto culminante, a comédia conduz igualmente à destruição da arte em geral. A finalidade da arte, na verdade, é representar aos olhos e à imaginação a identidade da ideia e da forma; é a manifestação do eterno, do divino, da verdade absoluta, na aparência e forma reais. Mas se agora a comédia representa esta unidade apenas como destruindo-se em si mesma, se a verdade absoluta, que visa a produzir e realizar, vê essa conquista anulada pelos interesses tornados livres de toda lei e apenas dirigida a um propósito subjetivo, então a verdade não está mais presente e viva num acordo positivo com os caráteres e os fins da existência real. Ela já não pode fazer-se valer senão sob uma forma negativa, no sentido de que tudo o que não é-lhe conforme é destruído por suas próprias mãos, e sob a condição de que a alma, afinal, não se mostra menos certa de si mesma e segura contra sua própria destruição.

Terceira Parte

A Arte em Evolução

Por todos os textos até aqui apresentados, o leitor está agora em posse de, por um lado, um sistema de tipos de arte, e, por outro, de um sistema das artes. A ligação entre essas duas ideias é uma evolução, uma vez que, por exemplo, quando a escultura tende para a pintura por intermédio do baixo relevo ela deixa de ser plenamente clássica e começa a ser absorvida pelo romântico. Isto pode ser visto nas páginas em que se falou das atitudes e movimentos do corpo no capítulo sobre a Estátua. Mas a partir deste esquema fundamental Hegel adere mais à realidade múltipla das obras e das épocas. Fica bem claro, por exemplo, que a arquitetura não é toda simbólica: existem templos gregos e existem catedrais. A evolução típica que vimos combina, portanto, uma evolução própria a cada forma de arte pela qual ela passa da etapa simbólica à etapa clássica e, finalmente, à romântica.

Veremos como essa não é a única evolução que é preciso ser considerada; mas primeiramente devemos levá-la em conta.

{ I }

A Evolução de Cada Arte

1.

Somos imediatamente levados a perguntar se esta evolução em particular é compatível com o conjunto da evolução: como uma arte, se é tipicamente simbólica, por exemplo, pode ter uma fase clássica e uma fase romântica?

É, diz Hegel, que cada arte tem um período de crescimento e de plenitude que a caracteriza: nesse sentido a pintura é romântica e cristã. Isto não é negar toda a existência de uma pintura antiga, embora não mais subsista, nem em quantidade, nem em valor. Mas os motivos essenciais e profundos – ou seja, as características fundamentais da pintura, por um lado – o fundamento do pensamento romântico e cristão, por outro – faz com que esta forma de arte e este momento do pensamento encontrem um no outro sua combinação perfeita: "a pintura encontra apenas na arte romântica o fundamento que responde perfeitamente a seus meios e formas, e, por conseguinte, também, é somente tratando de temas semelhantes que ela aprende a implantar e esgotar todos os seus recursos". Da mesma forma, há uma escultura pós-clássica como há uma pintura pré-romântica. Mas a

escultura não encontra na meditação e no íntimo do pensamento cristão um conteúdo que lhe seja verdadeira e perfeitamente adaptado: "O sofrimento, os tormentos do corpo e do espírito, o martírio e a penitência, a morte e a ressurreição, a personalidade espiritual subjetiva, a profundidade mística, o amor, os impulsos do coração e os movimentos da alma, este fundamento próprio sobre o qual se exerce o imaginário religioso da arte romântica, não são um objeto ao qual a simples forma física em si, com as três dimensões da extensão, em suma, a matéria em sua realidade sensível, não idealizada, possa fornecer um elemento e materiais que lhes sejam perfeitamente adequados".

2.

Mas Hegel não trata igualmente da evolução de cada arte. Ao estudar a arquitetura clássica e a arquitetura romântica, não faz mais que indicar a evolução da escultura e da pintura, ele parece abandonar completamente este ponto de vista para a música e para a poesia.

Provavelmente por falta de um estudo sistemático da evolução histórica da música e da poesia, poder-se-ia detectar nas análises alguma evidência de evolução, ambas são penetradas e guiadas, como o conjunto da obra, pela ideia de um desenvolvimento, ao mesmo tempo, histórico e essencial. Vimos, por exemplo, para a poesia, que há uma espécie de evolução do épico ao lírico, o dramático retomando e combinando os dois em lirismo, tempo e prosódia: o épico pertence a uma sociedade jovem, o lírico supõe uma sociedade mais avançada, onde o indivíduo, já, destaca-se ao ter consciência de si mesmo. Dentro deste desenvolvimento, o dramático tem sua própria juventude: a tragédia, enquanto a comédia já marca a inclinação em direção à dissolução da arte. Mas isso não significa, é claro, que não há uma juventude da comédia, na comédia antiga. Indicações semelhantes são detectadas, ainda mais concisas, no que diz respeito à música. Assim a distinção épica, lírica e dramática já aparece nos três gêneros de música de acompanhamento: a que Hegel chama de "música de igreja", a música lírica, a música dramática. Do mesmo modo, a música de acompanhamento é a mais jovem da música, da qual a música independente tende a emergir e superar.

Há sempre algo na evolução das artes plásticas que é explicitamente considerado por Hegel. Mas, ao mesmo tempo, para obedecer aos requisitos impostos pelas dimensões deste livro, porque Hegel dedica mesmo muito mais páginas para as etapas desta arte e porque estes capítulos nos pareceram conter análises essenciais e mais ricas, nos limitaremos à arquitetura e a alguns textos que apresentam essa evolução. Também poderemos nos reportar ao capítulo A ARTE CLÁSSICA E A ARTE GREGA para encontrar a indicação de uma evolução da escultura. Poderemos fazer o mesmo para a pintura, relendo o título A PINTURA DA REALIDADE. De maneira análoga, é necessário para compreender a evolução da arquitetura considerar os textos a seguir, como sequência daqueles que, na primeira parte, analisaram a arquitetura simbólica.

I. A ARQUITETURA CLÁSSICA

Passagem de arquitetura simbólica à arquitetura clássica

A ARQUITETURA dos babilônios, dos hindus e dos egípcios representa, simbolicamente, nas imagens que possuem significação e valor próprios, o que esses povos consideravam como absoluto e verdadeiro. Por outro lado, ela serve para proteger num recinto um homem preservado, apesar da morte, em sua forma natural. Vemos, portanto, que a significação espiritual já está separada da obra da arquitetura; ele tem uma existência independente, e a arquitetura coloca-se a seu serviço. É ela que dá ao monumento um sentido próprio e constitui seu verdadeiro propósito. Esta meta já se torna também o princípio regulador que se impõe ao conjunto da obra, determina sua forma básica, seu esqueleto, de alguma maneira, e não permite nem aos materiais, nem à fantasia ou ao arbitrário terem livre curso, assim como acontece nas arquiteturas simbólica ou romântica. Esses exercem, de fato, fora do que é consistente com o propósito, um luxo de acessórios e formas também numerosas e variadas.

A primeira pergunta que se faz sobre o tema de uma obra de arquitetura deste tipo é justamente sobre a sua finalidade e destino, assim como as condições que presidem sua ereção. Fazer com que a construção esteja em harmonia com o clima, a localização, a paisagem circundante, e, na observação de todas estas condições, cumprir o objetivo principal, produzir um conjunto em que todas as partes contribuem para uma unidade livre, este é o problema geral cuja solução perfeita deve revelar o gosto e talento do arquiteto...

Apesar desses fins que lhe são impostos, a arquitetura, propriamente dita, parece agora mais livre do que a arquitetura simbólica do estágio anterior, que foi buscar na natureza suas formas orgânicas, mais livre mesmo que a escultura que foi forçada a adotar a forma humana tal como foi-lhe ofertada, a concentrar-se em suas proporções essenciais; enquanto a arquitetura clássica inventa ela mesma seu próprio plano e sua configuração geral, conforme um propósito espiritual. Quanto à forma exterior, ela a retira da razão, sem ter modelo direto.

A COLUNA

A COLUNA não tem outro destino que o de *apoiar*; e apesar de uma fileira de colunas representar uma limitação, ela não confina como uma parede ou um muro sólidos. Elas são projetadas em frente à própria parede, livremente instaladas para elas mesmas. Este destino único de ser um apoio tem por consequência necessária que a coluna, acima de tudo, esteja em relação com o peso que repousa sobre ela, que ela mantenha o aspecto de sua conformidade com o objetivo, e, portanto, não seja nem muito forte, nem muito fraca; que não pareça esmagada, que não se mostre nem muito alta, nem muito baixa, como se ela desafiasse sua carga.

Se as colunas diferem-se das paredes e dos muros que formam um recinto, eles não se diferem menos de simples *postes*. Na verdade, o poste é imediatamente fincado na terra e termina onde a carga é colocada sobre ele. Seu comprimento determinado, o ponto em que começa e termina, aparecem, assim, como uma dimensão negativamente limitada por algo exterior, como uma medida acidental que não lhe é inerente. Pelo contrário, os dois pontos de partida e termino estão incluídos na própria ideia da coluna como suporte.

Portanto, eles devem aparecer nela como partes essenciais. Esta é a razão pela qual a bela arquitetura dá à coluna uma base e um capitel... É aqui como na música cadenciada, que precisa ser fortemente marcada. Ou ainda como um livro que pode muito bem não terminar com um ponto final ou não se iniciar com uma letra maiúscula; e, portanto, na Idade Média, especialmente, grandes letras ornamentadas marcavam o início do livro, que terminava com outros ornamentos. – Assim, ainda que a base e o capitel sigam além do estritamente necessário, não devemos considerar como um mero ornamento ou querer apenas fazê-las derivar do modelo egípcio que lembram ainda o tipo do reino vegetal. As formas orgânicas, como a escultura representa-as nos animais e seres humanos, têm o seu começo e seu fim em si mesmas, em seus livres contornos, uma vez que é o organismo vivo e animado que determina de dentro para fora os limites da forma exterior. A arquitetura, pelo contrário, tem de determinar as colunas e sua configuração exterior por outro meio que não seja a função mecânica de apoio e a da distância da base até o ponto em que o peso suportado termina a coluna...

No que se refere às formas da coluna, além da base e do capitel, a coluna, primeiramente, é redonda, de forma circular. Porque ela deve aparecer como livre e firme sobre si mesma. Ora, a linha mais simples que delimita com precisão racional, em uma palavra, a mais regular, é o círculo. Por isso, a coluna já mostra, em sua forma, que não se destina, alinhada com outras, enfileiradas, a apresentar uma superfície unida, maciça e contínua, como postes cortados em ângulo reto e colocados uns após os outros formando muros e muralhas, mas que se destina apenas a servir como um suporte, livre que está das outras.

O telhado

Se considerarmos apenas o necessário, parece que, nos países meridionais, que sofrem pouco com chuvas e tempestades, não há necessidade de abrigo exceto contra o sol. Um telhado horizontal, em ângulo reto, pode ser suficiente para as casas. Nos países setentrionais, no entanto, onde é necessário guardar-se das chuvas que devem decorrer, e da neve que não deve acumular-se muito, os telhados mais adequados para este fim são indispensáveis. No entanto, na bela arquitetura, a necessidade não deve decidir sozinho. Como arte ela também tem de atender aos mais altos requisitos de beleza e da graça. O que se eleva da terra verticalmente deve ser representado com uma base, ou um pé sobre o qual se apoia e que lhe serve como apoio. Além disso, as colunas e as paredes, na arquitetura propriamente dita, oferecem-nos o aspecto material de um suporte. A parte superior, ao contrário, o telhado, não deve apoiar, mas apenas ser apoiada, e mostrar em sua forma esta distinção. Ela deve, portanto, ser construída de forma que não *possa* mais suportar, e, por conseguinte, terminar, em um ângulo agudo ou obtuso. Assim os antigos templos não possuem telhado horizontal; a cobertura é formada por planos que se unem em ângulos obtusos. E é conforme a beleza que o edifício acabe bem.

O TEMPLO

Nos PROSTILOS e anfiprostilos, nessas colunatas simples ou duplas que levam imediatamente ao ar livre, vemos os homens circular livremente, sem cobertura, espalhados ou formando grupos aqui ou ali. Porque as colunas não formam um recinto fechado, mas limites que podem ser cruzados em todas as direções; de maneira que se fica meio fora meio dentro, ou pelo menos é possível passar imediatamente para o ar livre. Desta maneira, também, as longas muralhas atrás da colunata não permitem à multidão correr em torno de um lugar central, onde o olhar pode dirigir-se quando os corredores estão cheios. Em vez disso, o olho é logo direcionado do centro para todos os lados. Em vez do espetáculo de uma assembleia convocada para uma única finalidade, tudo parece estar direcionado para o exterior, e oferece-nos o aspecto de uma avenida movimentada. Lá os homens têm o tempo livre para envolver-se em conversas intermináveis, onde reina a alegria, a serenidade. O interior do templo, na verdade, prenuncia algo de mais sério e mais grave. No entanto, ainda encontramos aqui, algo pelo menos, e em particular nos edifícios do gênero mais acabado, um recinto inteiramente aberto para o exterior; o que indica que não devemos levá-lo a sério e muito rigorosamente. E, assim, a expressão total desse templo permanece, em si, simples e grandiosa. Mas tem, ao mesmo tempo, um ar de serenidade, algo de aberto e gracioso. Isso deve ser, porque todo o edifício foi construído para ser um local conveniente onde se pudesse parar em qualquer parte, ir e vir, circular livremente, para servir a uma assembleia de homens apressados em torno de um ponto central ou de um santuário, separado do exterior e cercados por todos os lados.

II. A ARQUITETURA ROMÂNTICA

Recusa ao mundo exterior

Assim como o espírito cristão retirou-se para o interior da consciência, a igreja, também, é um recinto fechado por todos os lados onde os fiéis reúnem-se e recolhem-se interiormente. É um lugar do recolhimento da alma em si, que também se fecha materialmente no espaço. Mas se, na meditação interior, a alma cristã retrai-se em si mesma, eleva-se, ao mesmo tempo, acima do finito, isso também determina o caráter da casa de Deus. A arquitetura toma, portanto, para sua significação independente da conformidade com o objetivo, a elevação ao infinito, caráter que tende a expressar pelas proporções de suas formas arquitetônicas. A impressão de que a arte deve, portanto, procurar produzir é, em oposição a este aspecto aberto e sereno do templo grego, em primeiro lugar, um sentimento de paz para a alma que, separada da natureza exterior e do mundo, recolhe-se em si mesma, e em segundo, o de uma majestade sublime que se eleva, que se lança para além dos limites do entendimento. Então, se os edifícios de arquitetura clássica, em geral, estendem-se horizontalmente, o caráter oposto das igrejas cristãs consiste em elevar-se do chão e lançar-se nos ares.

Este esquecimento do mundo exterior, das agitações e dos interesses da vida, deve ser produzido também por essa construção fechada de todos os lados. Adeus, então, aos pórticos abertos, às galerias que estão em comunicação com o mundo e a vida exteriores. Um lugar está reservado para eles, mas com uma significação inteiramente diferente, no interior do próprio edifício. Da mesma forma, a luz do sol é interceptada, ou seus raios não penetram senão obscurecidos pelas cores dos vitrais necessários para completar o perfeito isolamento do que está de fora. Aquilo do que o homem precisa não é dado pela natureza exterior, mas de um mundo feito por ele e para ele somente, apropriado para sua meditação interior, à conversa da alma consigo mesma.

Mas o caráter mais geral e mais marcante que a casa de Deus apresenta, em seu conjunto e partes, é a livre ascensão, o lançamento ao cume, formados por arcos pontiagudos, ou por linhas retas. A arquitetura clássica, em que as colunas ou postes, com vigas deitadas sobre eles fornecem a forma básica, é feita de ângulos retos e apoio da coisa principal. Porque o peso que repousa em ângulos retos indica, de uma forma precisa, que ele é suportado; e se as vigas, por sua vez, suportam o telhado, suas superfícies aproximam-se de ângulos obtusos. Não há dúvida aqui de uma direção para cima e de investida vertical; não se trata apenas de repousar e suportar. Da mesma forma, um arco, que, em uma curvatura contínua, também estende-se de uma coluna a outra e é descrito por um único ponto central, também repousa sobre bases inferiores. Na arquitetura romântica, pelo contrário, a ação de apoiar em si mesmo e, ao mesmo tempo, a disposição em ângulo reto deve constituir a forma fundamental. Longe disso, elas desaparecem, por essa razão as paredes que nos cercam de todos os lados, no exterior e no interior, correm livremente, sem diferença marcante entre o que suporta e o que é suportado, e unem-se em um ângulo agudo. Este impulso livre que domina tudo e a reconciliação no topo constitui aqui as características essenciais das quais surgem, por um lado, o triângulo com um ângulo agudo no topo e uma base mais ou menos larga ou estreita, por outro lado, a ogiva, que fornece os traços característicos mais marcantes da arquitetura gótica.

A CATEDRAL

O RECOLHIMENTO interior e a elevação da alma a Deus oferecem, como culto, uma multiplicidade de momentos e de atos que não podem mais ser efetuados no exterior, em salões abertos ou diante de templos. Seu lugar é marcado no interior da casa de Deus. Se então, no templo clássico, a forma exterior é a coisa principal e permanece, por colunatas, independente da parte interior, na arquitetura romântica, no entanto, o interior do edifício, não somente tem uma importância capital, já que tudo não passa de um recinto fechado, mas ainda manifesta-se em toda parte, no exterior, do qual ele determina a forma e ordem particulares.

... A fachada principal, como sendo o exterior da nave e dos corredores, corresponde à estrutura do interior nos *portais*. Uma porta principal que conduz à nave é colocada entre as entradas menores dos corredores, e indica, pelo estreitamento feito à perspectiva, que o exterior precisa encolher, diminuir, desaparecer, para dar acesso ao interior. Isso já se anuncia aos olhos. É o pano de fundo para o qual o exterior torna-se insignificante em si mesmo; bem como a alma quando retorna a si mesma mergulha nas profundezas da interioridade.

* * *

O ESPAÇO interior não deve ser um espaço vazio, de um padrão abstrato, que não contém quase nenhuma diversidade em suas partes e não requer uma harmonia superior para manter o seu acordo. Ele precisa de uma forma concreta e, por isso, diferente em relação ao comprimento, da largura, da altura, e do modo dessas dimensões. As formas circulares, quadradas, retangulares, com sua perfeita igualdade, não seriam adequadas às paredes que determinam o recinto, ou o telhado. Os impulsos, as agitações interiores da alma, a harmonia que se obtém aí, quando se eleva acima das coisas terrenas, ao infinito, ao mundo invisível, não seriam expressas arquitetonicamente nesta igualdade indiferente de um círculo ou um quadrado.

* * *

QUANTO ao *ordenamento total* do interior da igreja gótica, já vimos que as suas diversas partes devem diferir-se em altura, largura e comprimento. Uma primeira divisão permite-nos distinguir o *coro*, os *transeptos* e a *nave*, dos *corredores* ao seu redor.

Eles estão fechados, na parte externa, pelas paredes que formam o recinto do edifício, e das quais se elevam os pilares e as arcadas; do lado interno, pelos pilares e ogivas abrem-se sobre a nave, porque não há paredes entre eles. Os *corredores*, assim, ocupam uma posição que é a inversa àquelas das galerias nos templos gregos, as quais se abrem para o exterior e são fechadas no interior, enquanto os corredores laterais nas igrejas góticas deixam livre acesso à nave central pelo intervalo dos pilares.

* * *

Quando passamos ao interior de uma catedral Medieval, esta visão faz pensar menos na força dos pilares que suportam o edifício, a sua relação mecânica com a abóbada que repousa sobre eles, como sombrias arcadas de uma floresta cujas árvores entrelaçam seus ramos. Uma viga precisa de um ponto de apoio sólido e de uma direção em ângulo reto. Mas, na arquitetura gótica, as paredes elevam-se livremente; o mesmo acontece com os pilares que se elevam desdobrando-se em diferentes direções, e encontram-se como que acidentalmente. Em outras palavras, sua destinação, de suportar a abóbada que, de fato, tem a eles por base, não é explicitamente manifestada e representada em si. Parece mesmo que eles não suportam nada; assim como na árvore, os ramos não parecem apoiados pelo tronco, mas, em sua forma de ligeira curvatura, parecem uma continuação do caule, e formam, juntamente com os ramos de outra árvore, uma abóbada de folhagem. Uma abóbada semelhante, que lança a alma na contemplação, esse horror misterioso de madeira que leva à meditação, a Catedral os reproduz por suas paredes escuras, e, acima, pela floresta de pilares e colunatas que se desdobram de forma livre e encontram-se no topo. No entanto, não se deve, por isso, dizer que a arquitetura gótica fez das árvores e florestas o primeiro modelo de suas formas...

Os pilares delgados tornam-se esbeltos, graciosos, longilíneos e sobem a uma altura tal que a vista não pode compreender imediatamente sua dimensão total. Ela segue para lá e para cá, e eleva-se ao alto até atingir a curvatura docemente oblíqua dos arcos que, por fim, encontram-se, e ali repousam; bem como a alma, em sua meditação, em primeiro lugar, inquieta e perturbada, eleva-se gradualmente da terra ao céu e encontra seu repouso em Deus.

* * *

Em uma catedral como esta, há lugar para todo o povo. Pois aqui, a multidão de fiéis da cidade e de toda a região circundante não deve reunir-se em torno do edifício, mas em seu interior. Assim, também, se todos os interesses variados da vida tocam-se na religião também encontram lugar ao lado uns dos outros. Não existe nenhuma divisão fixa dos bancos, dispostos com regularidade, comprimindo o vasto espaço. Todos vão e vêm tranquilamente, param, tomam um assento, ajoelham-se, fazem suas orações e partem novamente. Exceto na hora da missa solene, as coisas mais diversas são feitas, ao mesmo tempo. Aqui prega-se; ali carrega-se um enfermo; uma procissão passa lentamente; mais ao longe batiza-se; ou há um morto que é trazido para a igreja. Em outro lugar um padre reza a missa ou abençoa os cônjuges; e por toda parte o povo ajoelha-se ao passar diante do altar e das imagens dos santos. Um único edifício contendo, a um só tempo, ações tão diferentes. Mas esta multiplicidade e esta variedade de ações isoladas desaparecem em sua perpétua alteração em relação à vastidão e grandeza do edifício. Nada nele preenche o todo, tudo passa e flui rapidamente, os indivíduos, seus movimentos e suas ações determinadas perdem-se, espalham-se como uma poeira viva nessa imensidão. O fato temporário só é visível em sua rápida instabilidade; e acima elevam-se espaços infinitos, essas construções gigantescas, com sua firme estrutura e suas formas imutáveis.

A decoração interior

A arquitetura clássica conserva uma sábia medida na decoração de seus edifícios. Mas como na arquitetura gótica trata-se principalmente de fazer parecer maiores e, sobretudo, mais altas do que realmente são as massas sobrepostas, ela não se contenta mais com simples superfícies. Ela as divide, as corta em toda parte em formas que, por sua vez, expressam a tendência ascendente. Os pilares, os arcos e, acima, os triângulos que ajustam em pontas, reaparecem nos ornamentos. Dessa forma, a unidade simples das grandes massas é dividida e moldada em pequenos detalhes e nas mais ínfimas particularidades. De modo que o conjunto ofereça, em si, um contraste maravilhoso. Por um lado, o olhar compreende facilmente as linhas fundamentais que se apresentam nas dimensões gigantescas, mas em uma ordem fácil; ele se perde, por outro lado, em uma multiplicidade e variedade infinitas de ornamentos. De modo que a maior generalidade e simplicidade opõem-se à maior especificidade e variedade de detalhes; bem como a alma, no que se opõe à meditação cristã, mergulha no finito e deixa-se ir vivendo na mediocridade e pequenez.

{ II }

A EVOLUÇÃO DOS TIPOS DE ARTE

Vimos que o padrão primeiro em que se correspondem uma evolução dos tipos de arte e uma classificação das artes complica-se e especifica-se em uma evolução própria para cada arte. Mas, ao contrário, Hegel estuda, para cada tipo, uma evolução que lhe é própria: o simbólico tem sua história, o clássico e o romântico têm, do mesmo modo, cada um a sua. Estudo que, certamente, analise em parte o que se viu sobre a correspondência entre os tipos de arte e as artes particulares: em seu apogeu, por exemplo, a arte clássica dá lugar à escultura. Mas há também um nascimento da arte clássica e uma decadência que se manifesta não apenas na estatuária romana, mas também na poesia satírica. Assim como a escultura não é toda clássica, as etapas da arte clássica são evidentes em outras artes como a escultura.

Assim, o padrão fundamental encontra-se duplamente sobrecarregado e enriquecido. E quando o leitor não se vê mais diante de um quadro mais sistemático, rígido e que parece fazer violência à diversidade múltipla das obras e das épocas – mas diante de uma soma de análises fiéis aos detalhes das obras; somente, em vez de espalhar-se em exames críticos isolados, estas análises permanecem esclarecidas, orientadas, coordenadas pela referência constante às ideias fundamentais da obra que mantêm nessa diversidade uma ordem e estrutura racionais.

I. A EVOLUÇÃO DA ARTE SIMBÓLICA

As três etapas da arte simbólica

Vimos[7] outrora que a arte simbólica representa a luta entre o conteúdo e a forma. Daí as etapas desta arte.

Originalmente, a batalha entre o conteúdo e a forma existe apenas *em si*, quer dizer, esse desacordo entre os dois elementos próximos e unidos entre si; a arte não tem ainda consciência por que não está em estado de conceber a ideia em seu caráter geral, nem de assumir a forma em sua realidade final. Portanto, em vez de representar nitidamente a *diferença* dos dois termos, ela parte de sua *identidade* imediata. O ponto de partida propriamente dito, então, é esta unidade ainda indivisível no seio da qual fermenta a discórdia entre os dois princípios contraditórios, esta unidade enigmática da ideia e de sua expressão simbólica em vão procurada. É a arte original e simbólica, que não é consciente de si mesma, e cujas criações não são ainda de maneira positiva símbolos.

O final deste período é a destruição e o desaparecimento do simbólico. Na verdade, a luta que, anteriormente, não existia em si, revela-se à consciência da arte, e desde então o trabalho da imaginação que produzia o símbolo é substituído pela separação refletida da ideia claramente percebida e pela imagem sensível que oferece uma afinidade com ela. Apesar dessa separação, uma relação explícita subsiste; mas não é mais uma identidade imediata; é a simples comparação de dois termos nos quais a distinção e a separação, anteriormente não sentidas, tornam-se tanto mais aparentes. Tal é o círculo do símbolo, como símbolo *refletido*. Aqui a significação é concebida e representada com seu caráter geral e sua manifestação

---

7   [N. T.]: Cap. III. – Caracteres essenciais da arte simbólica.

é explicitamente reduzida ao nível de uma simples imagem. É uma comparação cujo propósito artístico é simplesmente tornar a concepção mais clara e mais impressionante.

No intervalo entre o início e o fim da arte simbólica, coloca-se a arte do *sublime*. Aqui, o significado concebido como o ser universal, como o espírito que tem consciência de si mesmo, separa-se da existência concreta. Ao mesmo tempo, ele aparece como uma existência exterior a si, o que é como nada diante de si, e não tem outro propósito que o de servi-lo, de manifestá-lo. Existência que não pode deixar subsistir em si de uma maneira independente se quiser expressar-se por ela; mas ela deve aparecer como algo frágil e perecível, embora o absoluto não tenha outro meio para se manifestar, que este mundo que não é nada e que lhe é estranho. Este esplendor do sublime deve preceder a comparação propriamente dita, porque os seres particulares e os fenômenos da natureza devem ter sido assim considerados como não tendo existência própria, e ter sido empregados como servindo de ornamento e simples refinamento à potência inacessível do absoluto, antes que a separação formal dos dois elementos possa aparecer, e que a comparação faça uma escolha entre objetos do mundo sensível que têm uma afinidade com a ideia, mas diferem-se e são apenas a imagem exterior.

A. O Símbolo Irreflexo

1. O simbolismo fantástico: a arte hindu

a) *Para unir-se a Deus, o pensamento perde-se no vazio.*

Um dos desenvolvimentos extremos da consciência hindu é a concepção do absoluto, como o ser simplesmente universal, que não contém em si nenhuma distinção, nenhuma diferença, e, portanto, é totalmente indeterminado. Essa abstração, mais exterior e mais superficial, uma vez que o ser, assim concebido, é uma existência vazia, sem fundamento ou forma reais, sem personalidade, não deixa nenhuma decisão à imaginação. Trata-se de um objeto que não pode ser concebido ou representado pelas formas moldadas pela arte. Porque Brahma, considerado como o ser supremo, escapa aos sentidos e a toda percepção sensível. Não é mesmo, estritamente falando, um objeto para o pensamento; porque ao pensamento pertence essencialmente a consciência de si, que é um objeto a ser encontrado nele; todo entendimento já é uma identificação do eu e do objeto, uma reconciliação destes dois termos que, de outra forma, estariam separados: o que eu não compreendo, o que eu não conheço ou sei, permanece para mim como algo alheio, algo de "outro". No entanto, a maneira pela qual isso se realiza, na religião hindu, a união do eu humano com Brahma, não é nada além de um esforço contra a natureza para ser absorvida nesta abstração do ser; e, antes de alcançar este objetivo, não somente o homem deve, de alguma maneira, esvaziar seus pensamentos; mas qualquer outra consciência deve ser anulada. Desse modo, o hindu não imagina apenas a união e a identidade com Brahma sendo possíveis, no sentido de que o espírito do homem tenha *consciência* desta unidade. Unir-se com o divino, é perder o sentimento de si mesmo, do universo e de sua própria personalidade. Criar o vazio em si mesmo, anular-se, reduzir-se à degradação mais absoluta é visto como o estado mais elevado, que torna o homem igual ao deus supremo, e o identifica com Brahma.

b) *O pensamento lança-se em adoração à matéria.*
Mas, ao contrário do acima exposto, a imaginação hindu precipita-se imediatamente desse idealismo levado ao extremo à sensualidade mais desenfreada...

Primeiramente, a representação introduz-se em um ser particular, imediatamente presente aos sentidos, o prodigioso conteúdo do Absoluto: este indivíduo, tal como é, deve representar perfeitamente o Absoluto, ele deve ser para os olhos o próprio Absoluto. A vaca Sabalâ, no *Ramayana* (episódio das Expiações dos Vismamitras), parece investida de imensa potência. Além disso, há famílias hindus em que o próprio absoluto vegeta sob a forma de um homem real, tolo e imbecil, que é venerado como um Deus vivo e presente...

Cada Brâmane, simplesmente porque nasceu em sua casta, já representa Brahma em sua própria pessoa. O nascimento natural confere-lhe imediatamente o que o homem não pode obter salvo por um segundo nascimento, a ressurreição que consiste em se identificar com Deus, por meio do espírito; de maneira que o mais alto grau de perfeição e união com o Ser Supremo enquadra-se nas condições de um fato sensível e totalmente natural...

É nesse sentido que os hindus representam tantas e tantas vezes uma das leis da natureza: a geração dos seres, assim como os gregos faziam do amor (*Eros*) o mais antigo dos deuses. A força geradora, considerada como atividade divina, é reproduzida em uma variedade de representações, de uma forma inteiramente física, e os órgãos da geração do homem e da mulher são considerados como o que há de mais santo e sagrado...

Não é ainda isso, estritamente falando, uma concepção simbólica. Com efeito, embora aqui, como exigido pelo símbolo, as formas exteriores sejam emprestadas do mundo real e dotadas de significados gerais, a representação peca por outro lado. Não é preciso que as existências reais sejam tomadas pelo próprio absoluto, mas apenas como uma alusão ao absoluto. Ora, para a imaginação hindu, o macaco, a vaca, o Brâmane não são um símbolo da divindade; eles são considerados como a própria divindade, como uma existência que lhe é adequada.

c) *O excesso como um esforço para superar esta contradição.*
A arte hindu busca a solução desta divergência no excesso que caracteriza suas apresentações. As figuras, para atingir o universal e expressá-lo, perdem-se no colossal, ou caem no grotesco. Quando, na verdade, uma forma particular deve expressar não uma ideia que contém, mas uma significação universal, o espírito não fica mais satisfeito exceto quando se tenha lançado no além todas as proporções, e não se tenha feito algo de excessivo, de monstruoso. Aqui esbanja-se, principalmente, nos exageros do tamanho e da extensão. Procura-se dar uma ideia da incomensurabilidade do tempo, ou do infinito a respeito do número, pela repetição uniforme do mesmo atributo representando, por exemplo, um grande número de cabeças, braços, etc. Assim, esforça-se por alcançar a extensão e a universalidade da concepção. Assim, o ovo contém a ave: este objeto particular torna-se a representação excessiva de um ovo do mundo, como invólucro da vida universal dos seres, onde Brahma, o deus gerador, imergiu em repouso, passado um ano de criação, até que, pelo simples pensamento, as duas metades do ovo separam-se e deixam eclodir o mundo. Fora da natureza e de sua história, os indivíduos que pertencem à humanidade e que representam uma intervenção real da divindade, estão tão obliterados em si mesmos

que não sabem mais distinguir o divino e o humano, que parecem constantemente emaranhados uns nos outros. Aqui são colocadas as encarnações dos deuses, especialmente aquelas de Vishnu, o deus preservador, cujas ações são, em grande parte, objeto dos grandes poemas épicos. Por essas encarnações, a divindade intervém e aparece imediatamente no mundo. Esta é, por exemplo, Râma, a sétima encarnação de Vishnu (Râmatschandra). Vemos, de acordo com a natureza particular das ações, situações, ideias e costumes, como a substância destes poemas consiste, em parte, dos acontecimentos históricos reais, das ações dos antigos reis, que foram muito poderosos para construir um novo estado de coisas e uma legislação. Encontra-se, por conseguinte, aqui no meio da história e sobre o terreno sólido da realidade; mas, por outro lado, enquanto cresce, espalha-se, perde-se no nebuloso, torna-se um jogo de imaginação que vagueia na onda da universalidade; de maneira que sentimos como que escapar imediatamente o solo em que acabamos de pôr os pés e não sabemos mais onde estamos.

2. As etapas do simbolismo irreflexo e o simbolismo propriamente dito

> *O simbolismo irreflexo não se reduz apenas ao simbolismo fantástico dos hindus: essa é apenas uma etapa. O passo seguinte é constituído pela arte simbólica, propriamente dita, estudada com a arquitetura egípcia (Primeira Parte).*

A luta entre a ideia e a sua representação sensível leva-nos... ao momento do símbolo em si, onde a obra de arte simbólica aparece, em fim, com seu verdadeiro caráter. Aqui, na verdade, não são mais as formas ou as imagens puramente sensíveis que... podem suprimir sua inadequação à grandeza das concepções universais por uma extensão excessiva das formas emprestadas da natureza e moldadas pela imaginação. O que se oferece agora à visão como representação simbólica é uma imagem criada pela arte, que, por um lado, deve manifestar uma significação universal e que se trata de compreender. De maneira que esta imagem se apresenta como um problema que exige que se adivinhe seu sentido interior e oculto.

B. O Simbolismo do Sublime

Definição do sublime

O novo conteúdo que recebe aqui a significação está em oposição a todos os fenômenos visíveis, é a *unidade* substancial e absoluta que, como pensamento puro, existe apenas para o pensamento puro. Esta substância para, portanto, de ter sua representação no mundo exterior e, a este respeito, desaparece o caráter simbólico propriamente dito. Se, no entanto, este ser *uno* em si deve ser representado aos sentidos, esta manifestação não é possível enquanto é concebido como substância e, ao mesmo tempo, como princípio criador de todas as coisas. Por isso, revela-se e manifesta-se em todos os seres e conserva, com eles, um relacionamento *positivo*. Mas, por outro lado, sua superioridade deseja ser mais claramente identificada. O ser infinito deve elevar-se acima das existências particulares consideradas quer em si mesmas, quer em sua totalidade. Elas não são mais que nada diante dele, e o relacionamento *positivo* torna-se um relacionamento *negativo*. O ser substancial é assim purificado de qualquer contato e de qualquer envolvimento com a aparência visível. Essa, como existência particular, é-lhe inadequada e desaparece nele.

Esta manifestação sensível, que se encontra aniquilada pelo ser que ela representa, de tal modo que a expressão da ideia se manifesta como uma supressão da expressão, é o *sublime*.

1. O sublime positivo do panteísmo

O *todo*, naquilo que tem sido chamado panteísmo, não é o conjunto de existências particulares, mas sim o todo no sentido do *que é tudo*; quer dizer, de um ser único, na verdade, de uma substância imanente aos indivíduos, mas sob a condição de que se faça abstração de sua individualidade e de sua realidade sensível. Desta forma, não é o individual que existe como tal, mas a alma universal, ou, em termos populares, o Verdadeiro, o Perfeito, que estão também presentes nos seres individuais...

Tal concepção não pode ser expressa senão pela poesia e não pelas artes plásticas, porque estas representam aos olhos como presente e permanente a realidade determinada e individual que, ao contrário, deve desaparecer em face da substância imanente a essas realidades particulares. Ali onde o panteísmo é puro, ele não admite nenhuma arte plástica como seu modo de representação.

2. O sublime negativo

Sublimidade do monoteísmo
A substância única, que é o princípio e o fim do universo, não é realmente considerada como tal, senão quando, retirando-se da realidade imediata e visível e livrando-se da sucessão de fenômenos do mundo, ela retorna a si mesma, toma consciência de sua natureza e de seu poder, e, portanto, surge como independente diante do infinito. Pela primeira vez, então, Deus aparece verdadeiramente como espírito, como o ser invisível, em oposição ao mundo e à natureza. Por outro lado, no entanto, o ser permanece em *relação* com o mundo visível, onde se reflete, e que serve para manifestá-lo. Esta relação presente desde o lado *negativo* mencionado acima, em que todo o universo, apesar da riqueza, da grandeza e da magnificência de seus fenômenos, em comparação com a substância divina, é expressamente concebido como uma existência que não é nada por si só, uma mera criação de Deus sujeita ao seu poder e feita para servi-lo. O mundo é assim visto como uma manifestação de Deus, e ele mesmo é a *bondade* suprema, uma vez que esta criação que em si não tem o direito de ser e de tomar-se por sua própria finalidade, ele a permite desenvolver-se por si mesma, e dá-lhe consistência. No entanto, a existência finita carece de estabilidade, de uma base substancial, e, diante de Deus, a criatura é perecível e até mesmo impotente. Na bondade de Deus deve aparecer assim sua *justiça*; ora, este novo atributo manifesta ainda mais a nulidade e a fraqueza da criatura e a onipotência de Deus.

Esta relação, quando a arte é o fundamento de suas concepções e o caráter essencial de suas representações, fornece a forma da arte que é a do *sublime* em si. Beleza e sublimidade devem ser bem distintas; porque no belo a ideia passa pela realidade exterior da qual ela é de alguma maneira a alma, de modo que ambos os elementos parecem perfeitamente coerentes um com o outro e penetram-se reciprocamente; no sublime, no entanto, a realidade exterior em que se manifesta a substância infinita é reduzida em sua presença, porque essa redução e essa submissão são o único meio pelo qual um Deus invisível em si mesmo e que não pode ser expresso em sua realidade positiva por nada de sensível e de finito pode ser representado pela arte. O sublime supõe a ideia absoluta de tal maneira independente da realidade exterior, que esta tem por primeiro caráter de ele ser completamente submisso, e que o princípio de todas as coisas não aparece como presente nela, mas se eleva tão acima dela que esta superioridade e esta dominação são o objeto único de toda a representação.

No símbolo, a forma era a coisa principal; ela devia ter um sentido, mas sem estar, no entanto, em estado de expressá-lo perfeitamente. Agora, em oposição ao símbolo em si e a seu conteúdo obscuro, põe-se já a *significação* em si mesma e claramente entendida. Assim, a obra de arte é agora permeada da essência pura que dá um sentido a todas as coisas; mas, ao mesmo tempo, a desproporção entre a forma e a ideia que caracterizava o símbolo em si tem uma *significação*: a saber, a natureza do próprio Deus que aparece no mundo apenas para elevar-se acima dele e tudo o que tem existência finita. Isto é o que constitui o sublime na obra de arte que deve exprimir essa ideia de forma clara e em si mesmo. Se, então, a arte simbólica deve ser chamada de arte sacra, enquanto toma o divino por objeto de suas representações, a arte do sublime deve ser chamada de arte *sacra* por excelência, a arte exclusivamente sagrada, porque sua única destinação é a de celebrar a glória de Deus...

Encontramos esta espécie de sublime, com seu caráter original e primitivo, particularmente no pensamento judaico e em sua poesia sagrada; porque as artes plásticas, onde é impossível encontrar uma imagem visível digna de Deus, não podem se desenvolver; não há espaço senão para a poesia que se remete ao espírito e se expressa por palavras.

a) *Deus criador.*

Deus é o *criador* do universo: esta é a expressão mais pura do sublime em si. De fato, em primeiro lugar, desaparecem as ideias de *geração*, de um simples nascimento natural de seres saindo do seio de Deus. Estas ideias grosseiras dão lugar à da *criação* que tem por autor uma potência e uma atividade espirituais. Disse Deus: "Haja luz, e houve luz". Longinus toma esta expressão como o exemplo mais marcante do sublime. O Senhor, a substância *única*, passa à manifestação exterior; mas o modo de manifestação é a forma mais pura, a mais intangível, a mais etérea, *a palavra*, a expressão do pensamento como poder ideal. Deus ordena ao que não é que seja e, à sua voz, a existência se coloca silenciosamente em uma obediência calada.

b) *O mundo não é mais divino.*

Aqui, pela primeira vez, a natureza e o homem não são mais *divinizados*, e nos aparecem sob uma forma prosaica. Os gregos dizem que quando os heróis que faziam parte da expedição dos Argonautas passavam pelo estreito de Helesponto, as rochas que, até então, se soltavam e se aproximavam com grande estrondo, de repente, se fixaram sobre a margem, e criaram raízes ali para sempre. O mesmo acontece aqui na poesia sagrada do sublime. Ao infinito opõe-se o finito cuja existência e caráter estão bem estabelecidos e racionalmente determinados; enquanto, nas concepções simbólicas, nada ocupa um lugar significativo e determinado; o finito confunde-se continuamente com Deus que, por si mesmo, passa à realidade finita. Se, no entanto, nós nos elevamos dos poemas hindus ao Antigo Testamento, nós nos encontramos nesse terreno em um mundo completamente diferente. Embora as situações sejam muito diversas das nossas seja quanto aos acontecimentos, ações, caráteres, parece-nos que estamos em casa. Deixamos uma região onde tudo é vertigem, sonho e confusão, para entrar nas relações que nos parecem, como figuras que nos são apresentadas de maneira bastante natural.

c) *A glorificação de Deus nos Salmos.*

Este reconhecimento da nulidade de todas as coisas e o louvor a Deus é de onde o homem tira sua própria dignidade, consolação e felicidade.

A este respeito, os salmos dão-nos exemplos clássicos do verdadeiro sublime. Eles foram representados, em todos os tempos, como modelos em que o pensamento religioso expressa-se com mais brilho, elevação e força. Nada, no mundo, deve pretender existência independente; porque tudo é e subsiste apenas para a potência de Deus, e não existe senão para servir em seu louvor, bem como para expressar sua própria nulidade, sem substância. Se, no panteísmo precedente, a imaginação busca um *alargamento* sem fim, temos de admirar aqui a força e a *elevação* da alma, que rebaixa tudo, para publicar o poder único de Deus. A este respeito, o Salmo 104, em particular, está imbuído de caráter de energia e de magnitude extraordinárias. "A luz é a roupa que vestes, e que tu estendes do céu como uma tenda, etc."

A luz, o céu, as nuvens, as asas do vento, não são nada por si mesmos. É uma simples vestimenta, um carro, um mensageiro a serviço de Deus.

... O que Deus criou, é Deus quem conserva: "Se tu oculta teu rosto, Senhor, eles tremem; se tu removes deles o sopro que os anima, eles caem e cobrem-se de poeira".

d) *A indignidade do homem e sua grandeza.*
É por isso que o homem sente-se em sua *indignidade* na presença de Deus, é no temor de Deus, no medo que o faz tremer diante de sua ira, que ele se inspira e se exalta; assim encontramos expressos, da maneira mais profunda e dramática, os sofrimentos e as tristezas profundas que fazem surgir o vazio da vida, e nos prantos e lamentações que escapam do fundo do coração reconhecemos o grito da alma para Deus.

* * *

No entanto, apesar de sua impotência e seu nada, o homem obtém aqui um lugar mais livre e mais independente. Porque, em primeiro lugar, o caráter imutável da natureza de Deus, considerado em sua vontade e mandamentos, dá origem para o homem à *Lei*. Em segundo lugar, no sublime, reside igualmente a distinção clara e perfeita do humano e do divino, do finito e do absoluto, e, por isso, entrou na consciência do sujeito a noção distinta do bem e do mal, e também a da livre escolha pela qual ele se decide por um ou outro. A relação com Deus, a conformidade ou não-conformidade à sua lei, apresentam desde então um lado que se aplica ao indivíduo, à sua conduta e às suas ações morais. Além disso, vivendo segundo a justiça, cumprindo a lei, ele se coloca em relação *afirmativa* com Deus, e é na obediência ou na resistência à vontade divina, que ele encontra o princípio e a explicação de toda a sua vida no que ela comporta de positivo e negativo, sua felicidade, seus prazeres, sua satisfação interior, ou de seus sofrimentos e desgraças que podem sobrecarregá-lo. Ele considera todos esses eventos como benefícios e recompensas ou como provações e castigos.

C. O PENSAMENTO SIMBÓLICO

A queda do simbolismo

Sob o nome de simbólico reflexo, deve-se entender que não somente a ideia está contida em si mesma, mas expressamente posta como distinta da forma sensível que a representa; expressa por si mesma, como no sublime, a significação não aparece mais como essencialmente relacionada com a forma que lhe é dada. A relação dos dois elementos não é mais, como no nível anterior, uma relação baseada na natureza mesma da ideia. É mais ou menos o resultado de uma combinação acidental, que depende da subjetividade do poeta, da profundidade de seu espírito, da vivacidade de sua imaginação, e, em geral, de seu gênio inventivo. Às vezes, o poeta pode partir de um fenômeno sensível, e tomar de si mesmo um sentido espiritual, aproveitando-se de alguma analogia[8]. Outras vezes, ele tomará seu ponto de partida em uma concepção, em uma ideia, para revesti-la de uma forma sensível ou simplesmente colocará em relação uma imagem com outra, por causa de sua semelhança[9]...

Assim, no que diz respeito ao *fundamento* da representação, não é mais o absoluto, o ser infinito, que estas formas expressam. Cai-se no *finito* pela representação da realidade concreta e da ideia, que embora comparadas, são distintas e estão separadas no pensamento do artista uma vez que essa forma é concebida como a última e a mais conveniente. Até o momento, as ideias representadas que são tomadas a partir do círculo do finito, não têm mais relação com a ideia do absoluto, do princípio universal das coisas. Na poesia sacra, pelo contrário, a ideia de Deus é a única que faz sentido por si só, e os seres criados são, em face dele, existências transitórias, um puro nada.

---

8   É o caso da fábula, da parábola, do apólogo, do provérbio e da metamorfose.

9   [N. T.]: *Enigma, alegoria, metáfora, imagem e comparação,* Hegel anexa a esses dois gêneros um terceiro: *o poema didático* e *a poesia descritiva.*

Portanto, se considerarmos essa forma de arte como um todo, como tendo a posse tanto do sublime quanto do símbolo, o primeiro, uma vez que contém a *separação* da ideia e da forma; e o segundo, já que o símbolo é a *alusão* em auxílio de uma aparência concreta a um significado geral, que está relacionado a ele, não é que devemos considerá-lo como uma forma superior de arte, mas sim um modo claro de concepção, é verdade, mas superficial, que, de alcance limitado, mais ou menos prosaico em sua forma, desvia-se das profundezas misteriosas do símbolo e da elevação do sublime, para descer ao nível do pensamento comum.

Esopo e a fábula
De Esopo, diz-se que era um escravo deformado e corcunda. Conta-se que viveu na Frígia, um país que marca a transição do simbolismo real, ou seja, de um estado em que o homem ainda está preso aos laços da natureza, a um país, onde o homem começa a entender a liberdade de espírito e a apreciá-lo. Assim, longe de assemelhar-se aos hindus e egípcios, que viam como alguma coisa de sublime e de divino tudo que pertencia ao reino animal e à natureza em geral, o fabulista vê todas essas coisas com os olhos prosaicos. Ele vê os fenômenos cuja analogia com os do mundo moral servem apenas para lançar luz sobre o caminho que ele deve tomar. Todavia, suas ideias são apenas traços do espírito, sem energia nem profundidade, sem verdadeira inspiração, sem poesia ou filosofia. Seus pensamentos e ensinamentos estão cheios de sentido e de sabedoria, mas eles têm algo de refinado e estrito. Estas não são criações de um espírito livre que se desenvolve livremente; ele se limita a conhecer os fatos que a natureza lhe fornece nos instintos e hábitos dos animais, nos pequenos incidentes diários, algum lado imediatamente aplicável à vida humana, porque não se atreve a expor abertamente a lição em si mesma. Ele se contenta em vê-la, em sugerir; é como um enigma que está sempre acompanhado de sua solução. A prosa começa na boca do escravo; assim o gênero inteiro torna-se prosaico.

II. A EVOLUÇÃO DA ARTE CLÁSSICA

A. A FORMAÇÃO DA ARTE CLÁSSICA

PARA QUE o espírito possa alcançar a liberdade e a soberania que ele possui na arte clássica, deve libertar-se da natureza; mas não da própria natureza, mas sim desta natureza toda permeada pelo pensamento simbólico de significações e alusões. É preciso, portanto, que seja rompida essa ligação do espiritual e do natural que culmina no culto dos animais ou das forças naturais.

1. A degradação da animalidade

Do animal ao homem
Entre os hindus e egípcios, entre os povos da Ásia em geral, vemos o reino animal, ou, pelo menos, certas espécies de animais, considerados como sagrados e adorados, porque o princípio divino em si parecia estar como presente nesses seres. A forma animal constitui, portanto, um elemento-chave nessas representações, mesmo se for empregada apenas como um símbolo e combinada com a forma humana. Deve ser assim, até que a natureza humana e o que pertence apenas a ela revele-se à consciência do homem, como o que é verdadeiramente digno de ser representado. Só então, e pela consciência que o espírito toma de si mesmo, que desaparece o respeito pela força misteriosa, cega e estúpida, que se manifesta na vida animal.

A metamorfose
Em geral, pode-se ver a metamorfose como o oposto de como os egípcios viam os animais e os honravam. De fato, vistos pelo viés moral, eles contêm, essencialmente, uma atitude negativa em relação à natureza. Os animais e as formas inorgânicas apresentam um tipo de degradação da natureza humana; de modo que, se entre os egípcios os deuses que representam as forças elementares da natureza são elevados ao nível de animais e recebem a vida, aqui, ao contrário, tomar uma das formas da natureza é visto como um castigo, por alguma falta mais ou menos grave, ou mesmo por um crime monstruoso. Tal existência é a do ser separado do princípio

divino; e é o último termo do sofrimento, no qual o homem não pode manter-se como homem. Além disso, não é a transmigração das almas no sentido egípcio; pois elas são metamorfoses que não têm por princípio uma falta e uma punição e são consideradas pelo contrário, quando o homem é transformado em besta, como uma transição para um estado mais elevado.

2. Os suplícios dos antigos deuses

A batalha da natureza e do espírito é a lei do mundo; porque a essência do espírito, em seu desenvolvimento total, consiste, assim como vimos, em uma duplicação, em virtude da qual se distingue como objeto e como sujeito e, por um retorno a si mesma, liberta das amarras da natureza, para aparecer diante dela como potente e vitorioso, livre e sereno. O momento principal, no desenvolvimento do espírito, é assim um momento decisivo na representação que ele dá de si mesmo. Esta transição mostra-se sob a forma histórica como o aperfeiçoamento da natureza humana, como a conquista sucessiva de seus direitos e de sua propriedade, o aprimoramento das leis, da constituição e da vida política. Nas representações religiosas, do ponto de vista da eternidade, é o triunfo das divindades que são as personificações espirituais, sobre os poderes da natureza...

Prometeu, por exemplo, está amarrado às montanhas da Cítia, onde um abutre faminto rói seu fígado que renasce sem cessar. Nos infernos, Tântalo é atormentado por uma sede ardente que não pode saciar, e Sísifo deve rolar eternamente ao topo de uma montanha uma pedra que cai constantemente. Estas punições representam, como os próprios poderes titânicos, a falta de regra e de medida, o infinito no mau sentido: o sonho de uma perfeição futura ou a insaciabilidade dos desejos físicos que, sempre renascem e nunca se saciam, nem permitem à alma desfrutar o repouso de sua satisfação. O bom sentido verdadeiramente divino dos gregos não apresentou essa tendência ao vago e ao indefinido segundo a maneira do sentimentalismo moderno, como o que há de mais elevado para o homem; ele fez disso na mitologia um motivo de condenação, e precipitou no Tártaro suas personificações.

B. A Perfeição da Arte Clássica[10]

1. O tempo da arte grega

Os gregos não, considerando sua história apenas do lado exterior, viviam no meio termo entre a liberdade pessoal e consciente e a lei moral absoluta. Eles não estavam presos à unidade imóvel do Oriente, que tem consequentemente o despotismo religioso e político, onde a personalidade do indivíduo absorve-se e aniquila-se em uma substância universal ou em qualquer um de seus aspectos, e não tem, portanto, enquanto pessoa nenhum direito ou caráter moral. Eles não vão senão até o momento em que o homem se concentra em si mesmo, separa-se de tudo e do universal para viver recolhido em si, e não chegam a reatar sua conduta aos princípios imutáveis e verdadeiros, que se voltam para um mundo puramente espiritual, elevando-se a ele. Mas na vida moral do povo grego, o indivíduo era, na verdade, independente e livre, sem, no entanto, poder isolar-se dos interesses gerais do estado, nem separar sua liberdade espiritual do meio em que vivia. A moral universal e a liberdade da pessoa permanecem, em conformidade com o princípio da vida grega, em uma harmonia imutável. Na época em que este princípio reinou em toda sua pureza, a oposição da lei política e da lei moral revelada pela consciência individual, ainda não havia se manifestado. Os indivíduos ainda estavam imbuídos do espírito que formava a base da moral pública. Eles não buscavam sua própria liberdade a não ser na busca de fins comuns à sociedade como um todo.

O sentido desta feliz harmonia rompe-se por meio de todas as produções nas quais a liberdade grega tomou consciência de si mesma e revelou sua própria essência. Assim, esta época do desenvolvimento da humanidade é o meio no qual a beleza nasce verdadeiramente e estabelece seu reinado sereno. É o meio da vitalidade livre que não é aqui somente um produto imediato da natureza, mas uma criação do espírito e, como tal, manifestada pela arte: uma mistura de reflexão e de espontaneidade, onde o indivíduo não se isola, mas também pode relacionar seu nada, seus sofrimentos e seu destino

---

10 [N. T.]: Estes textos apenas complementam os que analisam a escultura grega (Primeira Parte).

a um princípio mais elevado, e sabe restabelecer a harmonia em si mesmo. Este momento, como a vida humana em geral, foi apenas uma transição; mas, nesse instante tão curto, a arte atinge o ponto culminante da beleza, sob a forma da individualidade plástica.Seu desenvolvimento foi tão rico e tão cheio de gênio, que todas as cores, todos os tons aí estão reunidos; ao mesmo tempo, tudo que tinha aparecido no passado aí encontrará seu lugar, não mais, na verdade, como absoluto e independente, mas como elementos acessórios e subordinados. Por isso, também, o povo grego revelou a si mesmo seu próprio espírito, de uma maneira sensível e visível, em seus deuses. Esse espírito deu-lhes na arte uma forma perfeitamente de acordo com as ideias que eles representam. Graças a esse acordo perfeito, que está implicado tanto na arte quanto na mitologia grega, esta foi, na Grécia, a mais alta expressão do absoluto, e a religião grega é a própria religião da arte, enquanto em uma época posterior, a arte romântica, embora seja também verdadeira arte, revela, no entanto, outra forma de consciência, muito elevada para que a arte possa representá-la.

2. Os deuses do ideal clássico

Serenidade

O que devemos, em primeiro lugar, notar nestes deuses, é sua individualidade espiritual e, ao mesmo tempo, *substancial e imutável*. Longe do mundo das aparências, onde prevalece a miséria e a necessidade; longe da agitação e da desordem que se atribuem ao interesse finito, abandonados a si mesmos, eles dependem de sua própria universalidade como de uma base eterna onde encontram o repouso e a serenidade.

Assim, somente os deuses aparecem como potências impereciveis, cuja inalterável majestade eleva-se acima das condições da existência particular; livres de todo contato com o que é estranho ou exterior, eles se manifestam unicamente em sua natureza imutável e em sua independência absoluta.

Mas, por outro lado, estes deuses não são simples abstrações, generalidades espirituais, e o que chamamos de ideais universais; eles também são verdadeiros indivíduos, e como tais cada um deles aparece como um ideal que possui em si mesmo a realidade, a vida, portanto, uma natureza determinada, isto é, como espírito, um *cará-ter*. Porque sem caráter não se manifesta nenhuma individualidade...

Mas como constituindo a beleza na arte clássica, o caráter determinado dos deuses não é em si mesmo puramente espiritual. Ele se revela mais bem sob uma forma exterior e corporal que se dirige aos olhos assim como ao espírito.

Quando esta beleza não representa mais as formas da natureza física ou animal como personificações do espírito, mas o espírito em si mesmo sob sua forma adequada, ela não admite mais, se não está em seus acessórios, o elemento *simbólico* e somente se for tomado da natureza. Sua expressão própria é a forma humana, a única que convém ao espírito, enquanto o espírito nela se realiza e a penetra de todos os lados.

A beleza clássica não deve mais afetar o caráter do *sublime*; porque o ser universal e abstrato que não comporta em si mesmo nenhuma determinação particular, que rejeita e nega o particular, e, por conseguinte, toda encarnação, oferece somente o espetáculo do sublime. Ora, a beleza clássica faz entrar a individualidade espiritual no seio da realidade sensível. Ela exprime a interioridade no meio da aparência exterior...

Mas, como os deuses conservam, apesar de seu caráter determinado, seu caráter universal e absoluto, a independência do espírito deve revelar-se, em sua representação, sob a aparência da tranquilidade e de uma inalterável segurança.

Além disso, vemos na individualidade concreta dos deuses esta nobreza e esta elevação que anunciam em si que, unidas a uma forma material e sensível, eles não têm nada em comum com as necessidades da existência finita. A existência absoluta, se fosse pura, livre de toda determinação, levaria ao sublime; mas no ideal clássico o espírito realiza-se e manifesta-se sob uma forma sensível que é sua imagem perfeita, o que há de sublime mostra-se fundido em sua beleza e como tendo passado inteiramente a ela. Aí está o que torna necessário na representação dos deuses a expressão da grandeza e da *bela* sublimidade clássicas. Uma seriedade eterna, uma calma inabalável, que reinam sobre a fronte dos deuses, estão espalhadas por todo seu semblante.

Em sua beleza eles aparecem então como elevados acima de sua própria existência corporal, e, por isso, manifesta-se um desacordo entre a grandeza abençoada que reside em sua espiritualidade, e sua beleza que é exterior e corporal. O espírito parece completamente absorvido nas formas sensíveis, e ao mesmo tempo imerso em si mesmo para além dela. Parece um deus imortal que se mistura com homens mortais.

Melancolia

No entanto, como a contradição acima referida entre o espírito e a forma exterior existe realmente, embora não apareça como uma oposição e uma divisão claras, esse todo harmonioso em sua indivisível unidade contém a negação que aí já se encontra expressa. Esse é o sopro de tristeza no meio da grandeza, que homens cheios de sabedoria sentiam na presença das imagens dos deuses antigos, apesar de sua beleza perfeita e do encanto espalhado em torno deles. Em sua calma e em sua serenidade eles não podiam entregar-se à alegria, ao prazer, nem ao que chamamos de satisfação em particular. A *paz* da eternidade não deve descer ao riso e ao gracioso que engendra o contentamento de si mesmo. O *contentamento* em si é o sentimento que nasce do acordo perfeito de nossa subjetividade individual com sua situação presente, ainda que devamos esta à fortuna, ou que sejamos gratos a nós mesmos. Napoleão, por exemplo, jamais manifestou de maneira mais profunda seu contentamento do que quando acontecia-lhe algo do qual todo o mundo ficava descontente; porque o verdadeiro contentamento não é nada mais que a aprovação interior que o indivíduo dá a si mesmo, às suas ações ou a seus esforços pessoais. Seu último grau é o sentimento burguês de contentamento que todo homem comum pode experimentar. Ora, esse sentimento e sua expressão não podem convir aos deuses imortais da arte clássica. A beleza livre e perfeita não pode contentar-se com este acordo com uma existência determinada e finita; sua individualidade, moral e física, embora tenha um caráter próprio e determinado, não se encontra verdadeiramente como livre universalidade, espiritualidade que repousa em si mesma. – É esse caráter de generalidade nos deuses gregos que se quis expressar pelo que é chamado *frieza*. No entanto, essas figuras não são frias senão em relação ao sentimento moderno estranho ao infinito; consideradas em si mesmas, elas possuem o calor e a vida. A paz que se reflete na forma corporal provém do fato de que elas se separam do finito: ela provém de sua indiferença a tudo que é mortal e passageiro. É uma despedida sem tristeza e sem dor, mas uma despedida à terra e a este mundo perecível. É assim que o espírito contempla com olhar indiferente e tranquilo a morte, o túmulo, a destruição, a existência temporal, porque na medida em que toma uma consciência mais profunda de si mesmo, ele reconhece essa negação como inerente à sua essência. Mas nessas existências divinas, quanto mais séria a liberdade espiritual se manifestar externamente, tanto mais o contraste entre esse caráter de grandeza e a forma corporal determinada faz-se sentir. Essas divindades abençoadas queixam-se, às vezes, de serem felizes e de terem um corpo. Lemos em seus traços o *destino* que paira sobre suas cabeças, e que, à medida que seu poder cresce, faz eclodir cada vez mais esta contradição entre a grandeza e a singularidade, a espiritualidade e a realidade sensível, levando a arte clássica à sua ruína.

C. A Dissolução da Arte Clássica

1. O destino

A escultura, na perfeição de suas criações plásticas, representa os deuses como forças morais e dá-lhes uma forma cuja beleza manifesta sua liberdade e sua independência. Ela deixa parecer o menos possível o exterior e seus acasos. Mas sua *pluralidade* e *diversidade* formam existências *acidentais*. Assim, o pensamento é dissolvido e fá-los retornar ao seio de uma divindade *única* cujo poder fatal e necessário leva-os a entrar em combate uns contra os outros e fá-los descer de sua majestade e de sua dignidade. Porque, ainda que o poder de cada deus seja considerado como geral, embora, por si ele seja uma divindade particular, tem uma extensão limitada. Além disso, os deuses não permanecem em seu repouso eterno e colocam-se em movimento, com fins particulares, solícitos que são em diferentes sentidos pelas situações e colisões e da vida real, às vezes, para o resgate, outras vezes, para derrubar e destruir. Esta multiplicidade de relações, nas quais os deuses engajam-se como indivíduos que agem, tem um lado acidental que perturba a plenitude divina, independentemente da permanência do atributo fundamental, e colocam os deuses nas dissensões e nas lutas da existência finita. Por este lado finito, inerente à sua própria natureza, os deuses encontram-se lançados em uma situação que contradiz seu tamanho, sua dignidade e sua beleza. Eles são atraídos pelo arbitrário e pelo acaso. O ideal, de fato, escapou, na verdade, à perfeita manifestação desta contradição: é que, na verdadeira escultura clássica e nas estátuas destinadas aos templos, as pessoas divinas são solitariamente recolhidas em si mesmas, em sua calma e sua felicidade; mas, ao mesmo tempo, conservam eles certa falta de vida, uma insensibilidade, este ar grave de tristeza silenciosa que já assinalamos. Esta tristeza já é causada por seu destino; ela mostra algo de mais elevado que paira sobre suas cabeças, e que todas essas individualidades devem abrir caminho a uma unidade geral que irá absorver a todos. Se examinarmos qual é a natureza desta unidade suprema e a forma sob a qual ela se apresenta, é em oposição ao caráter relativo e à individualidade dos deuses, o ser abstrato e sem forma, a *Necessidade*, o *Destino*. Nesta abstração, ele é superior a quem os deuses e os homens são submissos, mas permanece em si mesmo incompreensível e ininteligível. O destino não é ainda o propósito absoluto que Deus marcou para si mesmo, o decreto de sua própria vontade, mas apenas o poder uno e universal que se eleva acima de todos os deuses particulares, e, portanto, não pode manifestar-se como divindade particular, sem confundir-se com eles e descer ao seu nível. Ele permanece, portanto, sem forma e sem individualidade. Pura abstração, é diferente da própria essência da necessidade, imutável fatalidade à qual os deuses, assim como os homens, são obrigados a submeter-se, quando abandonam seu caráter geral, distinguindo-se, dividindo-se e lutando, quando querem impor seu poder individual, e procuram ultrapassar os limites do seu poder e de seus direitos.

2. O antropomorfismo, ruína dos deuses

Como a necessidade absoluta não pertence aos deuses individuais e não constituem a essência de sua personalidade, como ela é apenas um ser abstrato, indefinido, pairando acima deles, portanto, o lado particular, individual de sua natureza desenvolve-se sem regra e sem medida; eles podem entregar-se ao destino, eles se deixam levar pelos acidentes exteriores da vida humana e caem em todas as imperfeições do antropomorfismo, isto é, num estado contrário à ideia de Deus e à sua plenitude divina. Portanto, a ruína destas belas divindades da arte torna-se inevitável, porque a consciência humana não pode mais descansar nelas, e, por conseguinte, os abandona para realizar-se em si mesma.

3. Fim da arte clássica

a) *O espírito livre contra a ordem social.*
O espírito individual, que até então tinha vivido em harmonia com as leis da natureza e da existência humana, que, em sua vida, sua vontade e suas ações, sentia-se e sabia-se de acordo com elas, começa a retirar-se para o mundo infinito de sua consciência, mas, em vez de tomar posse de sua verdadeira infinidade, nela ainda encontra apenas sua imagem imperfeita e sua forma finita...

Do mesmo modo que a arte grega, que é uma manifestação do espírito, teve que se produzir sob uma forma exterior e positiva por suas criações, a determinação espiritual do homem também foi realizada em uma realidade exterior com o fundamento da qual o indivíduo devia estar em harmonia. Ora, este objetivo supremo da civilização grega era a vida do Estado, o interesse da cidade, os modos republicanos e o ardente patriotismo dos cidadãos. Para além deste espírito público, não há nada de elevado e verdadeiro. Mas a vida do Estado, como qualquer forma particular do mundo real, deve ter apenas uma duração transitória. Não é difícil mostrar que tal Estado, com o tipo de liberdade que faz a base, que se identifica com todos os cidadãos sem distinção, a quem dá a mais alta influência sobre os assuntos públicos, só pode ser pequeno e fraco; ele deve ser destruído já em parte por suas próprias mãos, ao mesmo tempo em que é arrastado pela torrente geral que carrega as sociedades humanas. Porque, nesta identificação da vida privada com a vida pública, em primeiro lugar, os direitos individuais são ignorados. O caráter individual não encontra lugar para seu desenvolvimento legítimo e inofensivo. Separado do bem geral que não o acolhe, ele se torna uma ambição natural que, reprimida e comprimida, tenta encontrar um caminho independente, e busca seus próprios fins, diferente do bem da sociedade. Por isso, trabalha para a ruína do Estado ao qual se esforça em opor seu poder pessoal. Por outro lado, eleva ao seio dessa mesma liberdade a necessidade de uma maior liberdade para os indivíduos que pretendem ser livres não só no Estado como totalidade real e fundamental, nos costumes e na legislação positiva, mas em seu mundo interior; ele quer tirar de si mesmo e reconhecer em sua própria consciência a regra do bem e do direito. O homem consegue ter assim a consciência de sua realidade e de seu valor pessoal.

Por isso, manifesta-se uma nova cisão entre o objetivo do Estado e o do indivíduo livre aos seus próprios olhos como é em virtude de sua natureza particular. Tal oposição já começou a declarar-se no tempo de *Sócrates*, quando as paixões loucas e egoístas, a permissão da democracia e da demagogia abalaram a república; a ponto de homens como Xenofonte e Platão experimentarem repulsa em ver a situação a que chegou sua pátria, e em particular a direção das tarefas públicas nas mãos de homens ambiciosos e frívolos.

A natureza geral deste momento de transição é explicada pela oposição que eclodiu entre o espírito que toma consciência de sua liberdade e a existência exterior. O espírito, ao separar-se de um mundo onde já não se encontra mais, é uma existência abstrata; mas não é aqui, como no panteísmo oriental. Pelo contrário, é o sujeito real que *se sabe*, que faz brotar sua própria consciência e faz valer todas as verdades universais do pensamento, da verdade, do bem, da moralidade, não como revelações provenientes de fora, mas como suas próprias concepções e convicções mais íntimas.

b) *A sátira.*

Já, na arte clássica, a individualidade espiritual, embora estreitamente relacionada com a existência imediata, era o objeto principal. Agora, trata de representar os esforços que um sujeito faz para prevalecer sobre uma forma envelhecida e em geral sobre um mundo que não mais lhe convém. O mundo espiritual torna-se assim totalmente livre; tem a realidade sensível roubada e recolhe-se a si mesmo, ele aparece como sujeito consciente que encontra a felicidade em si mesmo. Mas isolando-se do exterior, condena-se a uma existência abstrata, limitada e finita. Ainda não é isso que tem por fundamento o absoluto e por forma a consciência. Diante dele está uma realidade igualmente finita que, por sua vez também, torna-se livre: mas justamente a verdadeira espiritualidade é-lhe retirada; desde então esta realidade aparece como um mundo sem deuses, uma existência corrompida. Na arte surge agora um espírito pensante que, em paz consigo mesmo, enfurnado em sua sabedoria abstrata, forte e confiante na verdade de seus princípios e em seu amor à virtude, coloca-se em oposição violenta contra a corrupção de seu tempo. Este drama sem solução, onde o exterior e o interior afirmam seu desacordo, imprime aos dois um caráter prosaico. Um espírito elevado, uma alma impregnada do sentimento da virtude, em vista de um mundo que, longe de atingir seu ideal, oferece-lhe apenas o espetáculo do vício e da loucura, ergue-se contra ele com indignação, faz pouco dele com delicadeza e ataca as características de sua mordaz ironia, porque não atende à sua ideia abstrata da virtude e da verdade.

A forma de arte que começa a representar esta luta é a sátira.

III. A EVOLUÇÃO DA ARTE ROMÂNTICA

A. A Religião

1. A história da redenção de Cristo

O momento em que o espírito universal, em seu desenvolvimento que constitui a história absoluta, concilia-se consigo mesmo, é marcado pelo aparecimento de Deus na Terra. Esta conciliação dá-se pela união da realidade absoluta e da individualidade humana e subjetiva. Um homem entre os homem é Deus, e Deus é um homem real. Disso resulta que o espírito do homem, em sua natureza e em sua essência, é verdadeiramente espírito, e que cada homem enquanto homem tem um valor e uma destinação infinitos. É propósito do pensamento divino, e seu destino é unir-se com Deus. Mas, então, nasce para o homem, em grau muito mais elevado, a obrigação de realizar essa ideia que, inicialmente, é apenas uma verdade abstrata; quer dizer, de propor-se como o fim de sua existência essa união com Deus e aí chegar. Cumpre esta destinação, é em si o espírito livre, infinito. Mas isso não é possível enquanto esta unidade é o princípio original, o fundamento eterno da natureza humana e da natureza divina em si mesma. Ao mesmo tempo, este objetivo é o começo absoluto, o princípio fundamental da crença cristã, que Deus em si mesmo é homem, que ele se fez carne, que nesse sujeito único foi realizada essa reconciliação; de maneira que ela não é mais simplesmente concebida como um objetivo ideal, mas apresentada aos olhos e à consciência sob a forma de um homem real e vivo. Este é o modelo a seguir. Cada indivíduo deve aí encontrar a imagem de sua união com Deus, que é simplesmente possível, mas real. Agora, como essa unidade, enquanto reconciliação espiritual de termos opostos não é dada imediatamente, como é o resultado do desenvolvimento do espírito pela qual a consciência torna-se verdadeiramente espírito, ela deve realizar-se sob a forma histórica, em cada sujeito particular. Ora, essa história não contém outra coisa senão o que nós já mencionamos anteriormente. É o homem que se despoja corporal e espiritualmente de sua natureza individual, quer dizer, que sofre e morre; mas que, por outro lado, pelos sofrimentos da própria morte, triunfa sobre ela, ressuscita como o deus glorificado, como o espírito real que se revestiu, na verdade, da forma da existência individual, mas não é verdadeiramente deus como espírito senão em sua igreja.

Essa história fornece o tema principal da arte romântica do ponto de vista religioso, ainda que a arte, no entanto, considerada simplesmente como tal, seja aqui de alguma maneira supérflua. Por que o essencial aqui consiste na certeza interior no sentimento e concepção desta verdade eterna, na *fé* que carrega em si mesma o testemunho da verdade absoluta, e, por conseguinte, reside na parte mais íntima da alma.

A fé, em um grau avançado, consiste na certeza de ter presente diante dos olhos da consciência, em todos os momentos desta história, a própria verdade. Mas se o essencial é a consciência da *verdade*, a beleza da representação sensível não é mais que algo acessório e indiferente. Porque a verdade é revelada à consciência como independente da arte.

No entanto, a esse respeito, a ideia religiosa contém igualmente em si mesma um lado pelo qual não somente ela se torna acessível à arte, mas tem necessidade dele. É da essência do pensamento religioso na arte romântica, assim como observamos acima, de levar o antropomorfismo ao seu mais alto nível, pois a ideia fundamental é a união do absoluto e do divino com a forma humana, corporal e visível, e que o divino deve ser representado em sua individualidade inseparável das condições inerentes à vida terrestre e do caráter finito da manifestação. A esse respeito, a arte fornece à imaginação, para a manifestação de Deus, o espetáculo de uma forma particular e real; ele reproduz num quadro vivo os aspectos exteriores, a pessoa do Cristo, as circunstâncias que acompanharam seu nascimento, sua vida, seus sofrimentos, sua morte, sua ressurreição e sua ascensão à direita de Deus. Assim, a manifestação visível de Deus, que é um evento irremediavelmente passado, perpetua-se, renova-se incessantemente na arte.

A Paixão

O momento decisivo nesta vida de Homem-Deus é o sacrifício da existência individual em que ele era *este* homem, a história da paixão, dos sofrimentos na cruz, a agonia do espírito, os tormentos da morte. O fundamento dessa história consiste em que a aparência exterior e corporal, a existência real do indivíduo revela a sua nulidade, na dor que acompanha a aniquilação, enquanto o espírito, pelo sacrifício da natureza sensível e individualidade, chega à plenitude de seu ser e toma posse de seu céu. Portanto, essa esfera de representação na arte difere-se no ponto mais alto do ideal clássico; porque, por um lado, esse corpo perecível, com as enfermidades da natureza humana, é retirado de sua humilhação e honrado, pois o próprio Deus dignou-se a manifestar-se nele; mas, por outro lado, é precisamente essa existência puramente humana e corporal da qual o nada é revelado, e que aparece atormentada pelo sofrimento, enquanto na arte clássica, ela não perde sua inalterável harmonia com o elemento espiritual. O Cristo flagelado, coroado de espinhos, carregando a cruz ao lugar de seu suplício, expirando nos longos tormentos de uma morte cheia de angústia e sofrimento, não se deixa representar sob as formas da beleza grega; mas o que se expressa nesta situação é a grandeza e a santidade, a profundidade do sentimento a dor infinita como momento eterno do espírito, a calma divina no sofrimento.[11]

2. A redenção do homem

O sujeito individual, que separado de Deus, vive em pecado, em uma luta contínua contra a existência imediata e nas misérias da existência finita, tem por destino infinito entrar em harmonia consigo mesmo e com Deus. Ora, na história da redenção do Cristo, a negação da individualidade imediata manifesta-se como o momento essencial do desenvolvimento do espírito; portanto, o indivíduo não poderá elevar-se senão por um sacrifício semelhante, à liberdade e à felicidade em Deus.

Essa destruição da natureza finita manifesta-se aqui de três maneiras.

Em primeiro lugar, por uma renovação *exterior* da história da paixão, considerada em seus sofrimentos físicos: o *martírio*.

---

11 [N. T.]: Outros tipos de temas pertencem à mesma esfera, o amor religioso encarnado pelo Cristo ou pelo amor materno da Virgem. Ver o tópico ii. a pintura como expressão do sentimento.

Em segundo lugar, a mudança dá-se no *interior*, no fundo da alma. O encontro com Deus é estabelecido pelo arrependimento, pela expiação, pela *conversão*.

Em terceiro lugar, enfim, a manifestação de Deus no mundo visível é concebida sob a forma de uma mudança que se realiza no curso normal dos fenômenos da natureza, e que revela o poder e a presença de Deus. O *milagre*, portanto, faz parte da representação religiosa.

B. O Cavalheirismo

Princípio do cavalheirismo

Cristo disse: "Deixarás teu pai e tua mãe para seguir-me". Ou então: "O irmão odiará a seu irmão. – Eles vos perseguirão e vos crucificarão, etc.". Mas se o reino de Deus encontrou lugar no mundo, se ele pode introduzir-se nos objetos e interesses da vida moderna e, por isso, os transformar; se o pai, a mãe, os irmãos vivem na mesma comunidade, então o mundo começa a reclamar seus direitos. Do momento em que ele os conquistou, a religião perde sua atitude negativa em relação ao humano, à vida temporal; o espírito traz seu olhar ao seu redor, e procura um teatro para o desenvolvimento de seus sentimentos profanos. O princípio fundamental em si não é alterado: é sempre a subjetividade infinita; mas ela se volta para outra esfera. Nós podemos caracterizar este movimento, dizendo que o indivíduo torna-se então, independentemente de sua união com Deus, livre por si mesmo. Nesta união com Deus, pela qual o homem renuncia à existência finita e separa-se da natureza, a subjetividade percorreu seu período *negativo*; agora ela se torna *afirmativa* e positiva. Por conseguinte, o sujeito afirma-se livre, e tem a pretensão de fazer valer para si e para os outros os direitos de sua natureza infinita, embora ela não seja ainda sem conteúdo; ele quer ser respeitado. Essa concentração profunda, que foi demonstrada anteriormente somente em Deus, reporta-se ao seu caráter infinito sobre o desenvolvimento da personalidade humana, considerada em si mesma e para si mesma.

Se nos perguntarmos quais são as ideias e as afeições que levam o coração humano a este novo nível, podemos dizer, em virtude do princípio anterior, que o eu não é preenchido senão de si mesmo, de sua individualidade que a seus olhos tem um valor infinito; o indivíduo dá pouca importância às ideias gerais, aos interesses, às iniciativas, às ações que tenham por objeto a ordem geral. – Ora, há principalmente três sentimentos que se elevam para o homem a esse caráter infinito. São eles: o *amor*, a *honra* e a *fidelidade*. Eles não são, estritamente falando, qualidades morais e virtudes, mas somente formas da personalidade romântica que se satisfaz em si mesma. Porque a independência pessoal, pela qual combate a honra, por exemplo, não se parece com a coragem que se expõe pela causa comum, que defende sua reputação, sua integridade, etc., ou a justiça no círculo da vida privada. A honra combate unicamente para ser reconhecida, para garantir a pura inviolabilidade da pessoa individual. Da mesma forma, o amor que constitui o centro desse círculo é também apenas a paixão acidental de uma pessoa por outra, e quando essa paixão é ampliada pela imaginação e enobrecida pela profundidade do sentimento, não é ainda o elo moral do casamento e da família. A fidelidade apresenta mais, na verdade, a aparência do caráter moral, pois é desinteressada e atribui a si um propósito mais elevado, um interesse comum, porque entrega-se à vontade de outro, submete-se a seus desejos e às suas ordens, e, por isso, renuncia a qualquer interesse pessoal e à independência de sua vontade própria; mas a fidelidade, não se dirige ao bem geral da sociedade em si mesma; concentra-se exclusivamente na *pessoa* do senhor, quer ele aja por si mesmo, para seu proveito particular, quer ele tenha como missão manter a ordem, e devota-se aos interesses gerais da sociedade.

Estes três sentimentos reunidos e combinados formam externamente as relações religiosas que podem, no entanto, refletir ainda, o fundamento principal do *cavalheirismo*. Eles marcam a transição necessária da interioridade religiosa à vida espiritual no mundo secular. Aqui a arte romântica atinge o momento em que ela lhe é dada a criar-se por si mesma, com total independência, e a manifestar por sua vez uma beleza livre. Porque é colocada em um meio igualmente distanciado do caráter absoluto e imóvel das representações religiosas e da mobilidade, da diversidade que eclodem no domínio limitado, finito, dos assuntos mundanos.

Entre as artes particulares, está principalmente a poesia que foi capaz de captar da maneira mais conveniente e representar esta conexão, porque é capaz, no mais alto grau, de expressar a profundidade do sentimento, os fins aos quais a alma aspira, e os eventos da vida interior.

Virtude grega e virtude cavalheiresca

A moral grega supõe uma humanidade organizada e desenvolvida, na qual a vontade, apesar de determinar-se e agir por si mesma de acordo com suas próprias ideias, depara-se com leis fixas e relações entre pessoas livres que têm um valor absoluto; estas são as relações entre pais e filhos, cônjuges, cidadãos, em um estado onde a liberdade tornou-se uma realidade. Visto que as relações derivam do desenvolvimento do espírito humano sobre uma base natural reconhecida e fortalecida, eles não podem mais concordar com este misticismo religioso concentrado em si mesmo, que tende a apagar o lado natural das afeições humanas, e deve praticar virtudes completamente opostas, a humildade, o sacrifício da vontade humana e a independência pessoal. As virtudes da piedade cristã destroem em sua abstrata severidade todo elemento terrestre, e proclamam o homem livre a menos que renuncie a si mesmo e às afeições do coração humano. A liberdade subjetiva do mundo cavalheiresco não tem, na verdade, por condição positiva a resignação e o sacrifício: ela se desenvolve, no entanto, no seio do mundo e da sociedade.

Mas mesmo quando tal subjetividade reside em uma vontade nobre e em uma alma profunda, vê-se, no entanto, por toda parte nas ações e nas relações apenas o arbitrário e o acidental, porque a liberdade e seus fins têm por princípio a individualidade concentrada em si mesma vazia de todo verdadeiro conteúdo moral. Assim, não encontramos nessas personagens nada que se assemelhe ao *Pathos* grego e à independência pessoal que o caracteriza, mas um gênero particular de heroísmo que se relaciona com o amor, a honra, a bravura, a fidelidade, e cuja medida está unicamente na mesquinhez ou na nobreza dos sentimentos da alma.

Entretanto, o que os heróis da Idade Média têm em comum com os da antiguidade, é a coragem; e, no entanto, essa apresenta ainda um caráter bastante diferente. Não é mais a coragem natural que se apoia na força física e a direciona de um corpo que a educação ainda não enfraqueceu, ou na energia da vontade, e que se disponibiliza ao serviço de um interesse objetivo; ela tem sua origem na interioridade do espírito, na honra, no espírito cavalheiresco, e, em geral, na imaginação. Além disso, ela se desdobra em empresas aventureiras, em meio a acidentes e riscos de toda sorte, de eventos exteriores; ou ainda deixa-se guiar pelas inspirações de uma religiosidade mística, na qual encontramos sempre o mesmo caráter, o sentimento da personalidade subjetiva.

A honra

a) *O conceito de honra.*
Aqui a ofensa não percebe mais o valor real do objeto, mas trata da propriedade, do posto, de um direito, etc.; da personalidade em si, da opinião de que o sujeito tem de si mesmo, do valor que ele atribui para si mesmo. Ora, esse valor, do ponto em que estamos, é infinito, como o sujeito é infinito aos seus próprios olhos. Na honra, o homem tem então a consciência mais íntima de sua *subjetividade* infinita, como sendo independente de seu conteúdo. Agora, o que o indivíduo possui, ainda que depois de ter perdido não seja nem mais nem menos do que antes, participa, em virtude da honra, de toda sua pessoa que tem um valor absoluto a seus olhos e deve tê-lo do mesmo modo aos olhos dos outros. A medida da honra não está, portanto, no que o indivíduo é em si mesmo, mas no que ele pensa ser. Ora, a essência própria da representação é generalizar, de maneira que eu possa colocar toda minha pessoa neste objeto particular que pertence a mim. Sem dúvida, nada é mais verdadeiro; mas, do ponto de vista que estamos, é a aparência, o reflexo exterior da subjetividade, e a aparência do que, em si, é infinito, é ela mesma algo de infinito. Com este caráter de infinitude, a aparência que é a honra torna a própria pessoa em sua mais elevada realidade. Cada qualidade particular, na qual a honra manifesta-se e apropria-se, é, por esta aparência somente, elevada a um valor infinito.

b) *Pontos de honra.*
O campo da honra é muito amplo. Na verdade, tudo o que sou, o que faço, o que me fazem os outros, interessa à minha honra. Por isso, posso fazer-me um ponto de honra do que é bom em si mesmo, da lealdade para com o príncipe, da devoção à pátria, dos deveres do meu estado, da fidelidade conjugal, da igualdade nas tarefas e do

comércio, da consciência no trabalho científico, etc. Mas, em termos de honra, esses deveres legítimos e verdadeiros em si ainda não são sancionados como tais e reconhecidos por si mesmos. Eles não existem enquanto eu não os identifico com minha subjetividade e transformo-os em pontos de honra... Mas, por outro lado, a honra pode tornar-se algo de formal, vazio se, por exemplo, o eu que, em seu orgulho frio, parece infinito, faz disso o fundamento único ou se a pessoa sente-se compelida por alguma razão criminosa. A honra, então, principalmente na representação dramática, é uma paixão fria e morta, porque os fins aos quais busca não expressam mais as ideias essenciais, mas uma subjetividade vazia. Esta falta de ideias profundas é sentida especialmente quando uma sutileza meticulosa faz entrar no campo da honra coisas acidentais e insignificantes, que interessam apenas à personagem. E nunca faltam temas.

c) *Suscetibilidade da honra.*

Como a honra não reside apenas em mim como manifestação de minha personalidade, mas também na opinião de outros que devem reconhecer o meu como devo reconhecer o deles, é essencialmente *suscetível*. Por mais longe que eu estenda minhas pretensões, quaisquer que sejam os objetos sobre os quais se aplicam, seu fundamento é sempre minha vontade arbitrária. O menor dano pode ser para mim muito importante. O homem, na vida social, encontra-se em uma multiplicidade de relações com milhares de objetos diferentes, e pode ampliar indefinidamente o círculo de coisas que ele tem direito de dizer serem suas, que o afetam onde ele quer colocar sua honra; quando a personalidade dos indivíduos, sua independência feroz, sentimentos contidos, em princípio, na honra, são as causas que perpetuam as divisões e as querelas. Adicione a isso que, na ofensa como na honra, em geral, não se trata do próprio objeto no qual eu posso achar-me lesado; porque o que não é respeitado, é minha personalidade que identificou este objeto com ela, e que então se diz atacado neste ponto ideal infinito.

d) *Reparações.*

Se for verdade que a honra, em suas querelas e reparações que ela requer, tem por princípio a independência pessoal, a consciência de uma liberdade ilimitada que em suas ações revela apenas a si mesma, nós vemos aqui aparecer de novo o que constituía, no ideal clássico, o caráter fundamental das personagens heroicas, ou seja, essa mesma independência da individualidade. Mas, na honra, nós temos somente a energia da vontade e da espontaneidade nas ações; a independência pessoal está aqui ligada à *ideia de si mesmo*, e esta ideia é precisamente a própria essência da honra; de maneira que, em todos os objetos exteriores que o cercam, o indivíduo encontra sua própria imagem e vê a si mesmo em toda a sua subjetividade. A honra é a independência que se *reflete* em si mesma, e que, absorvida por essa reflexão que é toda sua essência, inquieta-se pouco se seu conteúdo é consistente com a verdade moral e a razão, ou acidental e insignificante.

O amor

a) *O amor e seu caráter infinito.*
Se o caráter fundamental da honra é o sentimento da personalidade e de sua independência absoluta, no amor, pelo contrário, o nível mais elevado é a doação de si mesmo a uma pessoa de outro sexo. É a renúncia à sua consciência pessoal, à sua própria individualidade, que em si é encontrada apenas na consciência do outro. A esse respeito, o amor e a honra são antagônicos. Mas, por outro lado, podemos considerar o amor como a realização de um princípio que já se encontra na honra. A honra tem, essencialmente, a necessidade de ver a pessoa que se reconhece infinita, reconhecida do mesmo modo por outra pessoa. No entanto, esse reconhecimento é verdadeiro e completo, não quando minha personalidade *in abstracto* ou em qualquer caso em particular e, portanto, limitado, é respeitada, mas quando minha subjetividade como um todo, com tudo o que eu sou e contenho dentro de mim, como eu tinha sido, como eu sou e serei, penetra na consciência de outro, para constituir sua vontade, seu pensamento, o propósito do seu ser e sua posse mais íntima... Esta renúncia a si mesmo para dar-se a outro, esta aparência de devoção, de abandono pela qual o sujeito encontra, no entanto, a plenitude de seu ser, este esquecimento de si, tal como alguém que ama, não existe mais para ele, já não vive mais para si mesmo, mas encontra no outro as raízes de sua existência e desfruta esse outro de si mesmo, isso tudo constitui o caráter infinito do amor.

b) *Frieza dos conflitos amorosos.*

Os conflitos do amor, especialmente quando é representado como entrando em conflito com os interesses gerais e verdadeiros, conservam ainda um caráter de acidentalidade que não permite que sejam legitimados, porque é a subjetividade como tal, que, com suas exigências pessoais, opõe-se ao que, por seu caráter essencial, tem o direito de ser reconhecido e respeitado. Que o crime de Clitemnestra não seja punido, que Antígona morra por ter realizado um dever fraternal a Polinices, esta é uma injustiça, um mal em si; mas estes sofrimentos por amor, essas esperanças despedaçadas, esses tormentos, esse martírio por que passa um amante, essa alegria e essa felicidade infinita que é criada em sua imaginação, não são em si um interesse geral; é algo que o vê pessoalmente.

C. Fim de Arte Romântica

1. O acidental. Todo objeto é objeto de arte

O que deve impressionar-nos aqui é o caráter completamente acidental e exterior da matéria que a arte implementa. Nas obras plásticas de arte clássica, o elemento interior e espiritual está tão intimamente ligado ao exterior, que é a própria forma da interioridade e não se destaca como termo independente. Mas, na arte romântica na qual a alma recolhe-se para dentro de si mesma, tudo o que contém o mundo exterior recebe o direito de desenvolver-se separadamente, de manter-se em sua existência própria e particular. Por outro lado, como o objetivo essencial da representação é o de manifestar a interioridade subjetiva concentrada em si mesma, independentemente dos objetos específicos do mundo físico e moral, onde se desenvolve. A interioridade romântica pode, portanto, mostrar-se em todos os tipos de circunstâncias, em milhares de situações diversas, nas relações mais opostas, em todo tipo de tipos de discrepâncias e desvarios, de conflitos e reparações. Porque o que buscamos, o que queremos fazer aparecer, é o aspecto subjetivo do indivíduo, sua maneira de ser e de compreender, e não um objetivo, um princípio geral e absoluto. Nas representações da arte romântica, tudo tem um lugar. Todas as esferas, todas as manifestações da vida, o que há de maior e menor, de mais elevado e de mais baixo, o moral e o imoral, também estão incluídos. Em particular, à medida que a arte torna-se mais secular, ela mergulha cada vez mais nas especificidades do mundo real, apegando-se aí por escolha, dá-lhes um alto valor, e o artista completa sua tarefa quando as representa fielmente. Assim, vemos em *Shakespeare* ações particulares, sem relação com a ação total, espalharem-se pela peça, apresentar uma série de incidentes secundários onde todas as situações ocorrem. Das mais altas regiões, dos interesses mais importantes, descemos aos detalhes mais vulgares e às coisas mais insignificantes: por exemplo, em *Hamlet*, a conversa dos guardas, bem como a corte real; em *Romeu e Julieta*, o objetivo dos empregados; em outras peças, sem contar os palhaços, as cenas de taverna onde não falta nada à decoração. Os objetos mais vulgares da vida comum – cabarés, carroceiros, penicos e panelas – são expostos aos olhos, assim como no círculo religioso, quando se representa o nascimento de Cristo e da adoração dos Magos, os bois e os jumentos, a manjedoura e a palha fazem parte essencial do quadro. Parece que a palavra "os humildes serão exaltados" deve também encontrar lugar na arte.

Todos esses objetos entram na representação, em parte como simples acessórios em relação ao fundo que tem em si mais importância; além disso, são em parte representados por si mesmos. No entanto, é nesta área do *acidental* que se expressa a ruína da arte romântica.

2. O artista prevalece sobre a obra

Como a aparência em si mesma é agora o objeto essencial da arte, ela vai ainda mais longe quando começa a fixá-la. Com efeito, independentemente dos objetos, os meios de representação tornam-se um objetivo; de modo que a habilidade pessoal do artista no uso dos meios técnicos, chega ao nível do objeto real e substancial nas obras de arte. Os antigos pintores holandeses já tinham estudado minuciosamente os efeitos físicos das cores. *Van Eyck, Memling, Schoreel* sabiam imitar, de maneira a produzir a mais perfeita ilusão, o brilho do ouro e da prata, o brilho das pedras preciosas, da seda, do veludo e das peles. Esta faculdade de poder produzir, pela magia, as cores e os segredos de uma arte maravilhosa, os efeitos mais marcantes, agora adquire um valor próprio. Do mesmo modo que, em geral, o espírito, compreendendo o mundo exterior em suas representações e seus pensamentos, reproduz a si mesmo, assim como aqui a coisa principal, independentemente do objeto, é o poder subjetivo de recriar o exterior no elemento sensível das cores e da luz. Isto é de algum modo uma música visível; os sons parecem transformados em cores.

... Mas, por isso também, o interesse pelo objeto representado refere-se apenas à subjetividade do artista em si, que procura mostrar-se, e que, para essa finalidade, não se aplica a realizar uma obra de arte perfeita em si, mas a criar algo em que o talento do *sujeito* apareça e mostre-se por si só. Ora, do momento em que esta *subjetividade* não mais se aplica a meios exteriores, mas ao *fundamento* mesmo da representação, a arte cai no domínio do capricho e do *humor*.

3. O humor

O humor não tem a intenção de deixar um conteúdo desenvolver-se de acordo com sua natureza essencial, organizar-se e tomar, assim, a forma artística que lhe convém; como é, pelo contrário, o próprio artista que se introduz no objeto que ele quer representar, sua tarefa principal consiste em reprimir tudo o que tende a obter ou parece ter um valor objetivo e uma forma fixa no mundo exterior, para obscurecer e apagar o poder das ideias próprias, por clarões de imaginação e de concepções marcantes. Por isso, o caráter independente de um conteúdo objetivo, de unidade coerente da forma, que deriva da própria coisa, são destruídos, e a representação é apenas um jogo da imaginação, que combina a seu critério, altera e rompe suas relações, uma licenciosidade do espírito que se agita em todas as direções e se entrega à tortura para encontrar concepções extraordinárias pelas quais o autor é traído, ele e seu objeto.

4. Arte moderna

Chegamos aqui ao final da arte romântica, a este ponto de vista moderno cujo caráter consiste em que a subjetividade do artista põe-se acima da obra e de seu conteúdo, considera-se livre de quaisquer condições impostas pela natureza específica do fundamento como da forma, crê que o fundamento bem como a forma de tratá-lo, todo, depende de seu poder e de sua escolha.

Considerações Finais

O Ideal

O leitor informado poderá surpreender-se ao encon-
trar neste ponto textos concernentes à doutrina pela
qual inicia-se a Estética de Hegel. Mas pareceu-nos
que esta doutrina não poderia ser abordada sem difi-
culdades excessivas senão após a ajuda das análises
que lhe dão sentido e clareza.

I. A BUSCA PELO ABSOLUTO

A. Arte, religião, filosofia:
seu objeto comum

**1. A oposição do fundamento e da forma comporta
a oposição geral do subjetivo e do objetivo**

Se nos lembrarmos do que já estabelecemos a respeito do conceito
de belo e da arte, encontraremos um duplo aspecto: *primeiro* um
conteúdo, um fim, uma significação, *em seguida*, a expressão, a
manifestação, a realização desse conteúdo; *enfim,* estes dois aspectos

interpenetram-se tão intimamente que o exterior, o particular, não parece senão expor o interior. Nada é encontrado na obra artística que não se relacione essencialmente com o conteúdo e que não o exprima. Aquilo que chamamos conteúdo, significação, é o elemento simples em si, o fundamento reduz-se às suas determinações mais simples, que não são menos ricas em significação, em oposição à execução. É assim que o conteúdo de um livro, por exemplo, pode ser exposto em algumas palavras ou em algumas frases e o livro não deve conter outra coisa que aquilo que essas indicações gerais apresentam. Este elemento simples, o tema por assim dizer, que fornece sua base à execução, é a parte abstrata e somente com a execução aparece a parte concreta.

Mas os dois termos desta oposição não são feitos para permanecer indiferentes e exteriores um ao outro; no momento em que o conteúdo, simples em si, de uma figura matemática, um triângulo ou uma elipse, permanece indiferente ao aspecto exterior (tal grandiosidade, tal cor, etc.) sob a qual ela aparece, a significação, abstrata na medida em que não passa de um simples conteúdo, implica nela mesma a necessidade de desenvolver-se e, ao mesmo tempo, tornar-se concreta. Há aí uma *exigência* essencial. Seja qual for o valor intrínseco de um tema, esse valor abstrato não seria suficiente e reclamaríamos outra coisa. Ela se apresenta, em primeiro lugar, simplesmente como uma necessidade insatisfeita, o sujeito experimenta o sentimento de insuficiência e aspira superar pelo trabalho sua satisfação. Pode-se dizer nesse sentido que o tema é antes de tudo *subjetivo*, todo interior; mas nisso se define o objetivo e daí nasce a exigência de *objetivar a esse elemento subjetivo*.

Esta oposição entre o subjetivo e o objetivo, assim como a exigência de ultrapassá-la, é um fato absolutamente geral, que se encontra em todos os domínios. Nossa vitalidade física já, mas ainda mais o mundo de nossos interesses e de nossos fins espirituais, repousa sobre a exigência de desenvolver o que não tem senão uma existência subjetiva e interior apelando à objetividade, de maneira a não poder encontrar satisfação senão nessa realidade plena e total. Dado que o conteúdo do nosso interesse e de nossos fins apresenta-se, primeiramente, sob a forma subjetiva, que esta forma subjetiva é unilateral e, portanto, constitui uma limitação que é vista como uma falha, esta falha traduz-se por uma inquietude, por um tormento, em resumo, por um estado *negativo* que deve ser superado enquanto tal; somos então compelidos a remediar esta falta que sentimos, a ultrapassar a limitação da qual temos consciência e conhecimento. É preciso entender apenas que o outro aspecto, o aspecto objetivo, faria simplesmente falta ao aspecto subjetivo; há entre eles um elo de dependência muito mais estreito: é no seio do objetivo que esta falta aparece ao *próprio subjetivo* como uma falta e como uma negação que ele contém em si e que aspira, por sua vez, negar.

2. O maior conteúdo a se objetivar é a liberdade

Podemos chamar brevemente de *liberdade* o que a subjetividade contém e pode compreender em si mesma de mais elevado. A liberdade é a modalidade suprema do espírito.

Ora, enquanto a liberdade permanece puramente subjetiva e não se exterioriza, o sujeito choca-se contra o que não é livre, o que é puramente objetivo, quer dizer à necessidade natural, o que faz nascer assim a exigência de conciliar os termos desta oposição. Mas encontra-se, além disso, no seio da interioridade e da subjetividade em si mesmas, uma oposição análoga. Por um lado, a liberdade é o domínio de tudo o que é universal e autônomo, das leis universais, do direito, do bem, do verdadeiro, etc. Mas, por outro lado, é preciso dar espaço às inclinações do homem, aos seus sentimentos, às suas inclinações, às suas paixões, a tudo o que o coração humano concreto contém de individual. Esta oposição, também, volta ao combate, à contradição e esta luta dá origem ao desespero, ao mais profundo sofrimento, à angústia e à insatisfação. Os animais vivem em paz consigo mesmos e com as coisas ao seu redor, mas a natureza espiritual do homem cria a ambiguidade e o desgaste, nas contradições das quais eles se debatem.

3. Objetivações imediatas da liberdade: desejo, saber, querer

O homem não pode ater-se à interioridade como tal, ao pensamento puro, ao mundo das leis com sua universalidade; ele também precisa de uma existência sensível, de tudo que diz respeito ao sentimento, do coração, da vida emocional.

O homem, no imediato de sua vida, aspira a uma satisfação *imediata*. Em primeiro lugar, encontramos uma satisfação desta ordem na medida em que resolvemos a contradição da qual falamos anteriormente no âmbito do sistema das necessidades sensíveis. A fome, a sede, a fadiga, o comer, o beber, a saciedade, o sono, etc. estão no domínio dos exemplos deste tipo de contradições e de suas soluções. Mas, nesta região natural da existência humana, o conteúdo de nossas satisfações apresenta um caráter finito e limitado; a satisfação não é absoluta e leva, por sua vez, a uma nova necessidade, sem nunca haver interrupção; a vontade de comer, a saciedade, o sono não servem de nada; a fome, a fadiga recomeçarão amanhã como anteriormente. Mas o homem também está à procura da satisfação e da liberdade no nível do espírito, por meio do conhecimento e pelo conhecimento das ações. O ignorante não é livre, porque ele encontra em um mundo estranho que está acima e além dele, do qual ele depende, sem que seja constituído por ele mesmo e, portanto, sem que possa aí considerar como estando nele... O desejo impulsivo de saber, a sede de conhecimento (do grau mais baixo da escala ao mais alto nível onde se situa a inspeção filosófica) sempre procede dessa aspiração em transcender este estado que é o oposto de liberdade para dominar o mundo pela representação e o pensamento. Por outro lado, a liberdade nas ações visa a dar uma realidade ao que há de racional na vontade. Este elemento racional, a vontade o realiza sob a forma viva do Estado. Em um Estado organizado de uma maneira verdadeiramente racional, todas as leis e todas as instituições são apenas uma realização da liberdade, de acordo com seus termos essenciais. Se este for o caso, a razão individual encontra nestas instituições apenas a realização de sua própria essência e, quando ela obedece a estas leis, longe de comprometer-se com qualquer coisa que lhe seja estranha, ela se inclina apenas para seu próprio bem. Certamente, dá-se muitas vezes o nome de liberdade ao arbitrário; mas arbitrariedade é apenas a liberdade desprovida de razão que escolhe e determina-se sem consultar a razão própria da vontade, no nível dos impulsos acidentais que estão eles mesmos na dependência de causas sensíveis e exteriores.

4. Estas soluções são particulares

As necessidades físicas, o conhecimento, o querer encontrar sua satisfação efetiva no mundo e chegar à oposição do subjetivo e do objetivo, da liberdade interior e da necessidade externamente dada, uma solução livre. No entanto, o conteúdo dessa liberdade e dessa satisfação continua limitado e ainda um caráter finito. É assim que, por exemplo, no direito e em suas aplicações, minha racionalidade, meu querer e sua liberdade são certamente reconhecidos, consideram-me como uma pessoa e respeitam-me como tal; possuo alguma coisa e essa deve permanecer minha propriedade; se ela é ameaçada, o tribunal assegura o meu direito. Mas este reconhecimento e essa liberdade interessam apenas a aspectos relativos, a objetos específicos, como a casa, o dinheiro, o direito determinado, como a lei, etc. em suma, essa ação, essa realidade particular. A consciência encontra-se aqui apenas na presença de particularidades, que, sem dúvida, fazem concordar uns com os outros e formam um conjunto de relações, mas que não se enquadra em categorias relativas e não se tornam menos sujeitas a diversas condições, que, pela sua importância, podem muito bem garantir como não garantir momentaneamente a satisfação.

5. O verdadeiro somente é solução absoluta

O que o homem, atado de todos os lados pelo finito, busca a esse respeito é a região de uma verdade mais elevada e mais substancial, na qual todas as oposições e todas as contradições do finito encontram sua solução final, e a liberdade, sua plena satisfação. Esta região é a da verdade em si e não da verdade relativa. A verdade suprema, a verdade enquanto tal, constitui a solução da oposição e da contradição supremas. Ali, a oposição da liberdade e da necessidade, do espírito e da natureza, do saber e do objeto, da lei e dos impulsos, em suma, a oposição e a contradição em geral, seja qual for a forma que revelem, perdem seu valor e seu poder de oposição e de contradição. Esta verdade revela, por um lado, que a liberdade, considerada em si mesma subjetivamente, e isolada da necessidade, não é uma coisa absolutamente verdadeira, por outro, que não pode atribuir mais à necessidade isolada em si mesma um caráter de verdade.

6. A religião, arte, filosofia como compreensões do absoluto

É somente quando se atinge a realidade dessa suprema unidade que se encontra na região da verdade, da liberdade e da satisfação. Podemos, de uma forma geral, qualificar de vida religiosa a vida nessa esfera, esse prazer pela verdade que se traduz pela felicidade suprema do ponto de vista do pensamento. Porque a religião constitui a esfera geral da qual o homem toma consciência da totalidade concreta *única* como sendo às vezes sua própria essência e a essência da natureza, e essa realidade verdadeira e única testemunha que somente ela possui todo o poder sobre o particular e o finito e que ela chega a restabelecer em uma unidade superior e absoluta o que até então estava dividido e oposto.

Assim, na medida em que ela tem de aproximar-se do verdadeiro, objeto absoluto da consciência, a arte pertence assim à esfera absoluta do espírito e coloca-se, por seu conteúdo, sobre o mesmo terreno que a religião, no sentido especial do termo, e da filosofia. Por que a filosofia, também, não tem outro objeto que Deus e é, por isso, uma teologia essencialmente racional, um tipo de serviço divino perpétuo consagrado ao serviço da verdade.

B. O QUE DISTINGUE A ARTE

1. O belo

É a *representação sensível* que pertence à arte: arte é o que revela à consciência a verdade sob uma forma sensível; forma sensível em que a aparência contém, sem dúvida, uma significação mais profunda, mas que não busca tornar compreensível, por esse intermediário sensível, a ideia como tal em sua generalidade; por que, justamente, essa *unidade* da ideia e da aparência individual é a essência do belo e de sua produção da arte.

2. O belo e o verdadeiro

No entanto, há uma diferença entre o verdadeiro e o belo. O verdadeiro é ideia quando considerada em si mesma em seu princípio geral e em si é que é pensada como tal. Por que não é sob sua forma exterior e sensível que ela existe para a razão, mas em seu caráter de *Ideia universal...* Quando o verdadeiro aparece imediatamente à consciência na realidade exterior é que a ideia permanece unida e identificada com sua aparência exterior, então, a ideia não é somente verdadeira, mas *bela*. O belo define-se então como a manifestação sensível da ideia.

3. Na mais alta perfeição a arte não tem outra finalidade que ela mesma

Com muita frequência a religião toma a arte a seu serviço para revelar aos sentidos ou à imaginação a verdade religiosa: assim, a arte está a serviço de uma esfera que não é a sua. Mas quando a arte chegou a seu mais alto grau de desenvolvimento e de perfeição, é ela justamente que, por suas imagens, encontra o modo de expressão mais apropriado da verdade, o gênero de exposição que convém melhor à sua essência. Foi assim que entre os gregos, por exemplo, a arte foi a forma mais elevada pela qual o povo representa para si os deuses e toma consciência da verdade. É por isso que os poetas e artistas gregos tornaram-se as criaturas de seus deuses: os artistas deram à sua nação uma representação precisa da ação, da vida, do poder divinos: assim, a religião teve um conteúdo definido.

Mas isso não significa que essas representações e ensinamentos já existiam *antes* da poesia sob uma forma abstrata, na consciência, como proposições e definições religiosas gerais, e que em seguida os artistas as revestiram com imagens e ornamentos poéticos; pelo contrário, o que caracteriza essa produção artística é que os poetas não podiam exprimir o que fermentava em si senão sob a forma da arte e da poesia.

C. Arte, religião, filosofia como etapas do absoluto

1. A arte excedida

Mas se a arte tem da natureza e domínios finitos da vida, seu *antes*, ela tem também um *depois*; quer dizer, um círculo que a ultrapassa na apreensão e na representação do absoluto. Porque, a arte traz em si sua limitação: isso também acontece às formas mais elevadas de consciência...

Em geral, no desenvolvimento de cada povo, chega um momento em que arte não é mais suficiente. Assim, os elementos históricos do cristianismo, a aparição do Cristo, sua vida e sua morte, deram à arte, principalmente à pintura, múltiplas ocasiões de desenvolver-se; a Igreja em si favoreceu em muito a arte; mas quando o desejo de saber e de buscar, assim como a necessidade de meditação e de espiritualidade chegaram com a Reforma, a representação religiosa foi privada do elemento sensível e recolhida à intimidade da alma e do pensamento. Assim, o *antes* da arte consiste em que o espírito seja habitado pela necessidade de satisfazer a si mesmo, de recolher-se em si na intimidade da consciência, como no verdadeiro santuário da verdade. A arte, em seus começos, deixa ainda uma impressão de mistério e de segredo, de arrependimento, porque suas criações não apresentaram integralmente à intuição sensível seu conteúdo em toda sua riqueza. Mas quando esse conteúdo todo encontra na arte uma representação total, o espírito que contempla mais ao longe desvia-se dessa forma objetiva, rejeita-a, e volta-se para si mesmo.

2. A religião

Se a obra de arte representa a verdade, o espírito, sob a forma sensível de um objeto, e vê nessa figura do absoluto a representação que lhe é adequada, a religião introduz a meditação, a atitude da alma em relação ao objeto absoluto. A arte como tal meditação é estranha. Na meditação o sujeito faz penetrar no fundo de seu coração o que a arte faz contemplar como objeto exterior, identificando-se assim com o absoluto: então, pelo absoluto, essa presença *interior* à representação e esta intimidade do sentimento tornam-se o elemento essencial de sua existência. A meditação é o culto da comunidade em sua forma mais pura, mais íntima, mais subjetiva; culto em que a objetividade é absorvida e direcionada, e cujo conteúdo, assim purificado, tornou-se propriedade do coração e da alma.

3. Da arte e da religião à filosofia

Enfim, a terceira forma de espírito absoluto é a *filosofia*. Porque na religião Deus é primeiramente para a consciência um objeto exterior, pois é preciso aprender o que está em Deus, como ele é revelado e revela-se. Ela tem, portanto, que, por suas relações com o interior da alma, estimular e penetrar na comunidade, no entanto, a interioridade que piedosamente recolhe os sentimentos e as representações não é a forma mais elevada de interioridade. A forma mais pura de conhecimento é o pensamento livre pelo qual o conhecimento toma claramente consciência desse mesmo conteúdo e torna, assim, o culto verdadeiramente espiritual: o pensamento concebe e compreende pelo intelecto somente o que também é dado como sentimento ou como representação sensível. Assim, unem-se na filosofia a arte e a religião: a *objetividade* da arte que, sem dúvida, perdeu sua aparência exterior e sensível, mas que ganhou em troca a forma de objetividade mais elevada: a do pensamento; a *subjetividade* da religião que é purificada na subjetividade do *pensamento*. Por que o pensamento é a subjetividade verdadeira, a mais íntima; o pensamento verdadeiro, a ideia, que é, ao mesmo tempo, a universalidade mais positiva e mais objetiva, é no pensamento e na forma de pensamento que ela pode ser compreendida.

II. O BELO ARTÍSTICO

1. O QUE É NECESSÁRIO AO BELO NATURAL É UMA EXPRESSÃO COMPLETA DA INTERIORIDADE

O vivo é organizado de acordo com o princípio de *finalidade*: todos os membros servem de meios a um único objetivo: a conservação de si mesmo. A vida é-lhes imanente; eles estão ligados à vida, a vida está ligada a eles. O resultado é o animal como ser que tem sentimento próprio, animado, capaz assim de desfrutar sua própria individualidade. Este sentimento de si, a posse de uma alma, a planta não pode tê-lo, porque ela lança continuamente para fora novos indivíduos sem poder olhar para si mesma nem concentrá-los neste ponto negativo, que constitui a unidade de uma pessoa. No entanto, o que vemos do organismo animal, como vivo, não é o *ponto* central da vida, mas somente a *multiplicidade* de órgãos. O vivo não é ainda livre: ele não pode manifestar-se como sujeito uno e, por assim dizer, pontual, comparado com a expansão de seus membros, na realidade exterior. A sede particular das operações da vida orgânica para nós permanece oculta; vemos apenas os contornos da forma exterior, e esta é inteiramente coberta de escamas, plumas, pele e pelo. Este invólucro pertence, sem dúvida, à animalidade, mas somente como produções animais sob a forma vegetativa. Aqui manifesta-se uma das imperfeições capitais da beleza animal. O que nos é visível no organismo dos animais não é a alma; o que se volta para o exterior, e manifesta-se inteiramente, não é a vida interior, mas as formações de um reino inferior... No animal, é por isso somente que o interior permanece *interior*, o exterior aparece como puramente exterior e não como penetrado, vivificado pela alma em todas as suas partes.

O corpo humano, a este respeito, ocupa um nível mais elevado, porque em toda parte manifesta-se nele que o homem é um ser uno, animado, sensível. A pele não está coberta de vegetação inanimada. A pulsação do sangue surge em toda a superfície; que o que se pode chamar de inchaço geral da vida, *turgor vitae*, anuncia em todos os pontos um coração que bate no interior e uma alma que respira. Do mesmo modo a pele mostra-se como sensível em toda parte e deixa entrever a *morbidezza*, a cor própria da carne e dos nervos que dá a tez e causa o tormento dos artistas. Contudo, se o corpo humano, ao contrário do animal, faz parecer ao exterior sua vitalidade, no entanto, a necessidade natural faz com que esta superfície ofereça aos olhos recortes, rugas, poros, cabelos e pequenas veias. De fato, em si mesma, a pele, cuja transparência torna visível a vida interior, no entanto, é apenas um invólucro destinado a preservar os órgãos do contato do exterior. Isso é apenas um meio ao serviço de um objetivo orgânico, e que carrega uma necessidade da natureza animal. A imensa vantagem que conserva o corpo humano consiste na expressão da sensibilidade que se manifesta senão sempre pela sensação pelo menos como capacidade de sentir. Mas aqui ainda apresenta-se o mesmo defeito, que é o poder de sentir como interior e concentrado em si mesmo não aparecer igualmente em todos os membros. Uma parte dos órgãos é exclusivamente dedicada às funções animais, e mostra esta destinação em sua forma, enquanto outras admitem, em grau mais elevado, a expressão da vida da alma, do sentimento e das paixões. A este respeito, a alma com a sua vida interior não aparece através de toda a forma exterior do corpo.

> *Se, portanto, há uma beleza natural, que é, no animal, apenas o pressentimento, através da forma exterior, da unidade interna do ser vivo, esta beleza é completamente inadequada: o belo natural não saberia cumprir a função do belo artístico.*

2. A ARTE COMO EXPRESSÃO DO ESPÍRITO

NA ARTE, com seus níveis mais elevados, o conteúdo interno do espírito deve ter a forma que lhe convém; este conteúdo está dentro do espírito humano, tal como existe, e tem assim, como tudo o que é interior ao homem, sua forma exterior, na qual ele se expressa... A vitalidade do ideal consiste precisamente no que a significação espiritual que queremos representar em sua profundidade penetra a aparência exterior em todos os seus aspectos, na atitude, na manutenção, no movimento, nas linhas do semblante, na forma e na disposição dos membros, de modo que nada permanece vazio e insignificante, e tudo parece animado pela mesma expressão. É essa vitalidade poderosa que reconhecemos hoje, nas obras atribuídas a Fídias. O ideal é aí mantido em pleno vigor: a transição à elegância, ao charme, à graça e à riqueza, não é mais feito; cada forma ainda está intimamente ligada ao sentido geral que deveria encarnar.

3. A ARTE COMO ANIMAÇÃO

A FORMA humana aparece como uma totalidade de órgãos... assim como em cada membro manifesta-se uma atividade e um movimento particulares. Mas, se perguntamos qual é o órgão particular em que a alma aparece como alma, diríamos logo que são os olhos: neles a alma concentra-se inteiramente, não é somente pelos olhos que ela vê, mas é também pelos olhos que ela é vista. Da mesma maneira como toda a superfície do corpo humano (em oposição ao animal) revela o batimento cardíaco, é preciso afirmar que, na arte, toda forma, em todos os pontos de sua superfície visível, transforma-se em olho, a sede da alma, aparência visível do espírito...

Cada uma das figuras que a arte moldou torna-se um Argus aos incontáveis olhos, pelos quais a alma e o espírito deixam-se ver em todos os pontos desta imagem. A forma do corpo, a expressão facial, gestos e posição, ações e eventos, fala e sons, e seu progresso – tudo deve tornar-se olho no qual revela-se a alma livre em sua infinidade interna.

III. O IDEAL

1. A ARTE "IDEALIZA" A NATUREZA

A BASE em si pode ser completamente indiferente e oferecer na vida comum, fora da arte, apenas um interesse passageiro, momentâneo. É assim, por exemplo, que a pintura holandesa foi capaz de produzir efeitos tão variados representando milhares de vezes as aparências tão móveis e tão fugidias da natureza, tornadas assim em criações humanas.

... O que nos interessa em tais temas quando a arte no-los apresenta é que este reflexo e esta aparência dos objetos nos aparecem como criações do espírito que metamorfoseiam sua parte exterior e material, no que há de mais profundo e interior. Porque em vez de lã, de seda reais, em vez de cabelos, de cálices, de carne e de metais reais, vemos apenas cores, em vez do conjunto de dimensões cujas coisas precisam para aparecer, vemos apenas uma superfície, e, portanto, temos o mesmo espetáculo que na presença do real.

Assim, em comparação com a realidade prosaica, essa aparência produzida pela arte é um milagre da idealidade. É, se se preferir, uma espécie de paródia, uma ironia pela qual o espírito representa o mundo real e suas formas exteriores. Na verdade, quais disposições não devem tomar a natureza e o homem na vida comum, que meios não são eles forçados a empregar para executar a mesma coisa? Que resistência não opõe-se à matéria, o metal, por exemplo, à mão do trabalhador que a trabalha? A imagem pelo contrário, que a arte emprega em suas criações, é um elemento dócil, simples e conveniente. Tudo que o homem e a natureza têm tanta dificuldade para produzir no mundo real, a atividade do espírito lança mão sem esforço em si mesmo... A arte, nesta idealidade, é o meio entre a insuficiente existência objetiva e a representação puramente interior; ela não os oferece para o uso habitual, mas limita nosso interesse à aparência abstrata que ela apresenta a um olhar puramente contemplativo.

A arte, portanto, aumenta por meio dessa idealidade os objetos em si mesmos sem valor: ela os fixa para si em sua insignificância; chama nossa atenção ao que de outra maneira negligenciaríamos completamente. Mas ela ainda os idealiza no que tange ao tempo, fixando pela duração o que, na natureza, é móvel e transitório. Um sorriso que se desvanece num instante, um beicinho malicioso, um olhar, um brilho fugaz, os aspectos fugidios do espírito na vida humana, todos esses acidentes, essas circunstâncias que passam e são logo esquecidos, a arte eleva-os à existência momentânea, e neste sentido, ultrapassa a natureza...

Um interesse de outra maneira bem mais intenso e profundo é oferecido, quando a arte, em vez de simplesmente reproduzir os objetos em sua existência exterior e sob a sua forma real, representa-os como apreendidos pelo espírito que, conservando sua forma natural, amplia sua significação e aplica-os para outro fim qualquer que não os que têm por si mesmos. O que existe na natureza é em todos os pontos de vista algo de puramente individual e particular. A representação, por outro lado, é essencialmente destinada a manifestar o *universal*: tudo o que provém dela tem o caráter da universalidade por oposição à individualidade natural. Assim, ela tem essa vantagem sobre a natureza, de ser seu círculo mais amplo. Ela é capaz de capturar a essência da coisa que toma como tema, de desenvolvê-lo e torná-lo visível. A obra de arte é, de fato, uma simples representação geral, mas esta ideia encarnada, individualizada. Como proveniente do espírito e de seu poder representador, ela deve, sem ultrapassar os limites da individualidade viva e sensível, revelar em si o caráter da universalidade. Ora, isso, em comparação com a idealidade sem significação do gênero de criação que se limita à imitação do real, é um grau superior no ideal: a idealidade poética. Aqui a finalidade da arte é compreender o objeto em sua generalidade e deixar de lado na representação tudo que, para a expressão da ideia, seria totalmente indiferente. O artista, portanto, não toma, quanto às formas e modos de expressão, tudo o que encontra na natureza, e porque o encontra assim; mas ele quer produzir da verdadeira poesia, ele compreende apenas os traços verdadeiros, consistentes com a ideia da coisa, e toma a natureza e suas produções como modelo e, em geral, o que é oferecido a ele, não porque fez isso ou aquilo, desta ou daquela forma, mas porque o fez *benfeito*. Ora, este *bem* é alguma coisa de mais elevado que o real em si tal como se oferece a nossos sentidos.

As madonas de Rafael

As madonas de Rafael apresentam formas do rosto, dos seios da face, dos olhos, do nariz, da boca, que concordam bem com o amor maternal, feliz e alegre, piedoso e humilde ao mesmo tempo. Podemos dizer que todas as mulheres são capazes de sentir este amor; sem dúvida, mas todos os rostos não se prestam para a expressão dessa profundidade da alma.

Os mendicantes de Murillo

Os jovens mendicantes de Murillo (Galeria central de Munique) são notáveis. Exteriormente o sujeito é tomado da natureza vulgar; a mãe tira piolhos do jovem, enquanto mastiga tranquilamente seu pão; dois outros, em um quadro do mesmo gênero desamparados e esfarrapados, comem melões e uvas. Mas nesta pobreza e seminudez, de fato, rompem uma quietude perfeita, uma indiferença total, dignas de um dervixe, a alegria profunda de estar em boa saúde, a alegria de viver. Essa indiferença frente ao mundo exterior, essa liberdade profunda diante do mundo é o que exige a noção de ideal... Vemos que esses jovens, não têm outras preocupações, outros objetivos; e isso não por uma espécie de apatia, mas, agachados ao chão, eles são verdadeiramente como os deuses do Olimpo: contentes e felizes; não fazem nada, não dizem nada; são homens deselegantes, sem humor, sem descontentamento; assim disponíveis, parecem capazes de tudo e parece, ao vê-los, que estes jovens podem se tornar *tudo*.

2. O IDEAL

Essa propriedade de reduzir a realidade exterior à espiritualidade, de modo que a aparência exterior torne-se consistente com o espírito é a manifestação que constitui a natureza do ideal. No entanto, essa espiritualização não vai além do termo extremo do pensamento, não chega a apresentar o geral em sua forma abstrata; ela se detém no ponto intermediário, em que a forma puramente sensível e espírito puro reencontram-se e entram em acordo. O ideal é, portanto, a realidade retirada do domínio do particular e do acidental, enquanto o princípio espiritual, nessa forma que se eleva diante da generalidade, aparece como *individualidade viva*. Porque, a subjetividade individual que traz em si um princípio substancial, e o manifesta no exterior, é colocada neste ambiente específico, em que a ideia pode ainda se desenvolver em sua forma abstrata e geral, mas permanece contida em uma realidade individual, que, por sua vez, desfaz os laços entre o finito e o condicional, oferece-se em uma harmonia perfeita com a natureza íntima, a essência da alma.

Schiller, em um poema intitulado *O ideal e a vida,* opõe ao mundo real, em suas dores e suas lutas, *a beleza da calma estadia das sombras.* Este império das sombras é o ideal. Os *espíritos* que aí aparecem são mortos para a vida real, separados das necessidades da existência natural, libertos dos laços em que mantemos a dependência de coisas exteriores, de todos os reveses, todas as mágoas inseparáveis do desenvolvimento na esfera do finito.

Sem dúvida, o ideal desce ao mundo da sensibilidade e da vida real; mas ele o traz de volta para si, como tudo que pertence ao reino da forma exterior. A arte sabe conservar o dispositivo necessário à manutenção da aparência sensível nos limites em que ela pode ser a manifestação da liberdade e do espírito. Por isso, somente, o ideal permanece contido em si mesmo, livre e independente no seio do sensível, aparece como encontrando em sua própria natureza sua alegria e felicidade. O eco dessa felicidade ressoa em todas as manifestações do ideal. Por que, por mais numerosas e variadas que sejam essas manifestações, a alma do ideal está sempre presente. E disso vem a sua verdadeira beleza...

3. O IDEAL EM RELAÇÃO À IDEIA

A *IDEIA em si* é a própria verdade, mas a verdade em sua generalidade ainda não objetivada. A *ideia como um belo artístico,* pelo contrário, tem por destinação ser uma realidade individual, do mesmo modo que uma manifestação individual da realidade tem por destinação fazer aparecer nela a ideia. Quer dizer, é essencial que a ideia e sua forma, como realidade concreta, sejam plenamente adaptadas uma à outra. Assim compreendida, a ideia enquanto realidade moldada de acordo com seu conceito é o *ideal.* Podemos compreender essa correspondência em um sentido todo formal: a ideia poderia ser essa ou aquela, desde que a forma real, não importando qual, representasse exatamente essa ideia. Mas isso é tomar a *verdade* do ideal por uma simples *precisão* que consistiria em expressar uma significação qualquer de uma maneira apropriada e oferecer assim um meio de encontrar imediatamente o fundamento na forma. Não é nesse sentido que precisamos tomar o ideal; pode-se ainda representar um conteúdo qualquer, no que ele tem de essencial, de maneira bastante adequada, sem poder afirmar a beleza do ideal. Em comparação com a beleza ideal essa representação poderia muito bem parecer insuficiente... a insuficiência de uma obra de arte nem sempre deve ser atribuída à falta de destreza subjetiva do artista: a *insuficiência da forma* deriva assim da *insuficiência* do fundamento. Entre os chineses, hindus e egípcios, por exemplo, as obras de arte, imagens de deuses, ídolos, mantiveram-se disformes, ou de uma forma mal definida, sem verdade: se eles não puderam tornar-se mestres da verdadeira beleza, é por que suas concepções mitológicas, as ideias contidas em suas obras, estavam ainda indeterminadas ou mal determinadas, em vez de serem acabadas e verdadeiras. Nesse sentido uma obra de arte é tanto mais bela quanto tiver de verdade mais profunda seu conteúdo espiritual...

4. A SERENIDADE DO IDEAL

Pode-se colocar no ponto culminante do ideal, como sua característica essencial, essa tranquilidade plena de serenidade, essa alegria inalterável que retira o gozo de seu ser, uma natureza que se basta e satisfaz-se em si mesmo. Toda figura ideal na arte nos aparece como um tipo de divindade bem-aventurada. De fato, para os deuses que desfrutam a felicidade, ela não pode ter nada muito grave em todas essas necessidades da vida real, nas paixões que nos comovem, e nos interesses que dividem o mundo das existências finitas. É esta concentração positiva que, pela negação de toda particularidade, lhes dá esse ar de serenidade e tranquilidade. Esse é o sentido dessa palavra de Schiller: "A gravidade é própria da vida, a serenidade pertence à arte".

Esse poder da individualidade, esse triunfo da liberdade concentrada em si mesma, é isso o que reconhecemos particularmente nas obras de arte antiga, na tranquilidade e na serenidade das personagens que ela representou; e isso não acontece somente na felicidade livre de combate, mas mesmo quando o sujeito vem a ser atingido por um desses terríveis golpes do destino, e destroem toda uma existência. Assim, vemos os heróis trágicos sucumbir como vítimas do destino; mas a alma deles recolhe-se em si mesma e encontra no todo sua independência, quando dizem: "Era para ser assim". O sujeito permanece então sempre fiel a si mesmo, ele abandona o que lhe é roubado. No entanto o objetivo que perseguia não é apenas removido, ele o deixa cair, mas não cai com ele. O homem, esmagado pelo destino, pode perder a vida, não a liberdade. Este poder, que depende apenas de si mesmo, é o que permite ainda preservar e mostrar a tranquilidade e a serenidade em meio à dor. Na arte romântica, na verdade, as dilacerações interiores e o choque de poderes da alma, são empurrados ainda mais. Em geral, as oposições são mais profundas, a divisão é pronunciada, é mais profundamente pronunciada e mantida… No entanto, ainda que a dor penetre mais fundo na alma do que entre os antigos, uma alegria íntima e profunda no sacrifício, certa felicidade no sofrimento, prazeres na dor, uma espécie de volúpia, mesmo no martírio, podem ser representados. Mesmo na música italiana seriamente religiosa, essa alegria interior e esta transfiguração da dor trespassam a expressão particular das queixas.

Essa expressão na arte romântica é, em geral, o que se chama *sorrir através das lágrimas*. As lágrimas pertencem à dor, o sorriso à serenidade; e assim, o sorriso nas lágrimas designa independência do ser livre entre tormentos e sofrimentos. Aqui o sorriso não tem nada a ver com o movimento sentimental, a vaidade afetada de um sujeito que se aplica a extrair o belo das coisas miserável ou das pequenas dores pessoais; ele deve ser visto como signo da beleza que se contém e permanece livre nas dores mais cruéis. É assim que se fala de Cimene no romance de Cid: "Como ela era bela em lágrimas!"

Coleção Fundamentos da Filosofia

Para saber mais sobre nosso catálogo, acesse:
www.iconeeditora.com.br

....

Este livro, composto na tipologia
Warnock Pro Opticals Family,
foi impresso pela Imprensa da Fé
sobre papel offset 75 gramas para a
Ícone Editora em janeiro de 2012

....